Daniel Sielaff

Die Untat Hoeholzbagdtal

oder der

St. Tiufel Abtei Erbsenn zu
Süd Unterkirchabzell

ex tend ed

Die Trottellumme überlegt, fließt, weiß jedoch nicht, wohin 's geht
und hängt sich an die and'ren ran, doch wissen die auch nicht, wo lang.
So lummt's durchs wohlig warme Feucht, alles scheint da, nichts, was man bräucht',
doch plötzlich steigt sie auf, die Furcht, wird zuseh'nds schneller unser Lurch.

Er täuscht und rammt, stößt all's beiseit', schwimmt selbstaufgebend, ist bereit,
schnüffelt schon längst 's Progesteron, der Bub, er schafft's, wird Mamas Sohn.
Die letzten Millimeter sind wie Entwässern bei Gegenwind,
und endlich dockt 's Tröttelchen an, Spermienkönig, Gott, ew'ger Mann.

Wird so in diesen sel'gen Tagen in Mamas Gedärm rumgetragen,
lässt sich bedien', bewegt sich kaum, Leben als Mann schon jetzt ein Traum.
Doch plötzlich geht es an, das Licht, gewollt hat's Lümmchen so nicht,
und was man ihn zu sehen zwingt, vorm ersten Schrei zum Schweigen bringt.

Teil I

Malleus Homo

Die Todsünden

„Ist es nicht im höchsten Grade widersinnig, wenn Gott dem Menschen, den er selbst geschaffen hat, die Kenntnis des Unterschiedes von Gut und Böse vorenthält? Ein solcher Mensch wird offenbar einmal das Übel nicht meiden, und andererseits auch nicht dem Guten nachstreben. Was aber die Hauptsache ist: Gott hat nicht gewollt, dass der Mensch an vernünftiger Einsicht teilhabe, und dabei gibt es nichts, was für den Menschen größeren Wert hätte. Wenn es so steht, muss man Gott als missgünstig bezeichnen."

Flavius Claudius Iulianus Julian (331 – 363)

Bibliografische Information der Deutschen Nationalbibliothek:
Die Deutsche Nationalbibliothek verzeichnet diese Publikation in der Deutschen
Nationalbibliografie; detaillierte bibliografische Daten sind im Internet über
dnb.dnb.de abrufbar.

Bilder und Illustrationen sind vom Autor gestaltet, aufgenommen oder stammen
aus Familienarchiven.

Bilder folgender Titel stammen aus Archiven, bzw. von:

Trommelstahl:
Austrian National Library, The New York Public Library, British Library, Library
Of Congress, Museum Of New Zealand, Deutsche Ntionalbibliothek, Bundeszen-
trale für politische Bildung

Independence:
John Cameron

Cover Art:
Andrej Lišakov, Daniel Sielaff

Verlag: BoD · Books on Demand GmbH, In de Tarpen 42,
22848 Norderstedt, bod@bod.de
Druck: Libri Plureos GmbH, Friedensallee 273, 22763 Hamburg

ISBN: 978-3-7693-2508-9

Vorbemerkung

Dieses Buch ist eine Tragödie, welche versucht, auch und besonders mit dem Stilmittel der Satire, das Menschliche – oder Göttliche – erträglich zu gestalten – was nicht immer glückt. Daher steckt es voller Leidenschaft, ist voller Anspielungen, voller Wut, Zynismus und Anklage, voller Schmerz, ja, auch Ablehnung; jedoch steckt es in erster Linie voller Liebe, voller Gefühl und voller Herz. Dennoch ist es unerbittlich herzlos, aber besonders sanft und schmeichelnd. Es ist warm und zärtlich, aber auch zerstörerisch und dystopisch, bitterernst, wuchtig und zuweilen schmerzlich kummervoll.

Aus diesem Grund möchte ich darauf hinweisen, dass die Lektüre ein Wechselbad der Gefühle hervorrufen kann, welches schlimmstenfalls den Einen zu verstören oder zu verwirren vermag, den Anderen bestenfalls beglückt, belustigt und beseelt; oder nichts von alledem.

All jenen, welche sich in einer emotionalen Unsicherheit wähnen, sei ans Herz gelegt, die Lektüre zu überdenken. Ich möchte keinesfalls, dass schlechte Gefühle entstehen oder zurückbleiben. Also bitte ich hiermit eindringlich, und nehmt dies bitte ernst, selbstfürsorglich auf sich zu achten und **spätestens** bei der ersten Ankündigung eines Unwohlseins ein Weiterlesen zu hinterfragen.

Ich möchte auf den nun folgenden Seiten niemanden verletzten oder beleidigen – sollten dies allerdings einzelne (Gruppen) entsprechend deuten, sollten sich diese tatsächlich mal fragen, warum das wohl so ist. Ich möchte bloß stören und vielleicht metaphorisch dekuvrieren; es handelt sich bei den entsprechenden und sicher schnell zu entlarvenden Teilen um Karikaturen und um, wie bereits erwähnt, Satire.

Grundsätzlich kurz und schmerzlos:

Advisory Explicit Content

Ich danke für die Nutzbarmachung und Zurverfügungstellung der Bilder und Illustrationen und die damit verbundene Möglichkeit, dieses (literarische) Wagnis symbolisch zu vervollständigen und diesem so die unterstreichende Tiefe zu verleihen.

Vorbemerkung zu dieser Ausgabe

Man hat mir oft gesagt, dass man auch lernen muss, loszulassen und zu beenden, was nicht beendet werden kann. Und als ich das Gefühl hatte, *Die Untat Hoeholzbagdtal* sei im bestmöglichen Zustand, dauerte es noch einige Monate der Veränderungen und Anpassungen, bis ich für mich einen Abschluss definieren und das Ergebnis freigeben konnte.

Jedoch bei der Pre-Organisation für den zweiten Teiles der *Untat Hoeholzbagdtal* und beim Abgleich von Stil und Design fielen mir Makel auf, die ich trotz gefühlt unzähliger Überarbeitungen nicht entdeckt hatte.

Bei den folgenden Überlegungen stellte sich eine gewisse Unzufriedenheit mit der Gesamtgestaltung heraus, so dass ich mich schließlich entschloss, das Buch in überarbeiteter Form neu aufzulegen. Dabei wollte ich den Leser*innen nicht nur eine veränderte Darstellung der Illustrationen und eine Korrektur vorlegen, sondern – bei aller Bescheidenheit – ein noch vollkommeneres Werk, das ganz sicher nicht makellos ist.

Und das liegt nun vor Euch – mit einem neuen Design, einer Ergänzung der Illustrationen und einer entsprechend würdigen Darstellung sowie (ergänzenden) neuen Gedichten.

Ich habe auch einige (gestalterische) Entschärfungen vorgenommen, die mir im heutigen Zustand angemessener erscheinen und ein Postulat von Reife, Würde und Anstand manifestieren, das ich einem Großteil der Protagonisten dieses Werkes gänzlich abspreche.

Damit wird das Prädikat „besonders wertvoll" zumindest erreichbar; verdient ist es ohnehin, aufgrund meiner Funktion als moralisch-sittliches Vorbild eines humanistischen Anstands, der hier in Lach- und Sachgeschichten präsentiert wird.
Das war Ironisch [Anm.: Die Maus und der Elefant].

Dank

Ganz besonders und von ganzem Herzen danke ich

Mutter
Rym
Dir

den anwesenden und abwesenden Freund*innen

den Nahestehenden und Distanzierten, Unterstützenden und Geduldigen, Tragenden
und Aushaltenden,
Daseienden und Wegbleibenden,

den Lesenden, Lachenden, Nachdenkenden, Fragenden und Hinterfragenden, Lehren-
den und Lernenden, Nachsichtigen und Fordernden,

den Gütigen, den Menschenrechts- und Würdewahrenden...

und nicht zuletzt der Kreatur, dem Menschen überhaupt. Ohne die unschätzbare Viel-
falt der Inspirationen, die von ihm ausgehen, hätte dieses Buch nie entstehen können.
Es ist daher ausdrücklich ihm gewidmet, in jeder Form; in fast jeder Form.

Abschließend möchte ich mich für das wunderbare und inspirierende Lektorat der *Vor-
bemerkung zu dieser Ausgabe* bedanken, das ihr eine besondere Note verliehen hat und
dadurch erst die Perfektion erreicht wurde, welche Ihr gerade erfahren konntet. Nicht
zu Deinem Nachteil habe ich allerdings Deine Vorschläge und Empfehlungen für diese
Zeilen hier nahezu gänzlich ignoriert; ich hoffe, Du siehst es mir nach. Also; zu guter
Letzt gilt mein Dank DeepL Write. With all my love; was tät' ich nur ohne Dich.

Und nun Euch allen recht viel Spaß

Euer aller Daniel 2025

Präpendenz

„Kein Mensch ist in der Lage, sich für zwei ganz verschiedene Auftraggeber einzusetzen. Er wird entweder den einen bevorzugen und dessen Aufträge schnell und zuverlässig ausführen oder die des anderen. Nur einen von beiden wird er, wenn es darauf ankommt, ernst nehmen. Den anderen wird er vernachlässigen. Ihr könnt keine Diener Gottes sein, wenn ihr gleichzeitig der Macht des Geldes, dem Gott Mammon, verfallen seid."

Jesus von Nazareth (7-4 v. Chr. – 30-33 n Chr.)

Wo steht ein wer mit welchem Recht, mit Rang und Stand sich selbst ermächt'gt,
doch vergisst er offenbar schon, wer Vater ist und wer nur Sohn.
Hilft 's erste Exempel nicht mehr, dann muss halt schnell ein weit'res her,
so wird dann auch dem letzten klar, wer der Schöpfer Eurer Welt war.

... was zuvor geschah:

Gott ist der Schöpfer allen Seins, er wird nicht müd', dies zu erwähnen,
erzählt und lobpreist, was er schuf, beginnt stets alles aufzuzählen.
Jedoch, kommt er dem Menschen nah, wird düster sein Gesichtsausdruck,
und wechselt danach ganz und gar vom güt'gen zum zornigen Gott.

Er ruft voller Selbstmitleid dann, weil er sich selbst dies Privileg,
gegeben hat, jeden stur an, wer kann, geht ihm schnell aus dem Weg.
Doch ist er nicht allein im Leid, es ist der Morgenstern, der ihn
aus Verantwortung steht dann zu Seit', wenn die Erzengel vor ihm flieh'n.

So saß er, ertrug's Wehgeschrei, ermutigte ihn Stund' um Stund'
fürsorglich, niemals einerlei, war noch so hart Gott's Abrechnung.
Gott wollt' nicht mehr, der Mensch wurd' ihm sein persönlicher Niedergang,
bei allem, was ihm wurd' verlieh'n, dies raubte Gott wohl den Verstand.

Kein liebes Wort entkam ihm mehr, nur Ablehnung, schwer vorwurfsvoll,
die Belastung, sie wog so schwer, nur Grimm und Zorn vor lauter Groll.
Und ganz egal, was er auch tat, der Mensch entzog sich immer mehr
seinem Worte und seinem Rat, wo kam bloß dieser Hochmut her?

Machte sich die Welt Untertan, „sonst liest er nie, warum den Kram?",
bis es ihn gänzlich überkam und er die Schöpfung übernahm.
Das war also die Dankbarkeit, Medizin, Wissenschaft gesamt,
verlegte Gott's Dreifaltigkeit, in ein abstraktes Märchenland.

Es bedurft' einer Korrektur, der Mensch, er musst' zum zweiten Mal
das Paradies verlassen nur als endgültiges Machtfanal.
Der Mensch, so viel zu einflussreich, das Leben ja schon längst zensiert',
musst' er sich selbst, an Abwehr'n reich, überlisten manipuliert.

Und als Luzifers Geduld dann, nach so vielen Millennien,
strapaziert auf der Probe stand, ließ er sich dann doch hinreißen.
Die Wette, sie war Gott's Einfall, widerwillig, doch viel zu müd'
schlug Luzifer, mit lautem Hall, ein, wusst' nicht, was ihm alsbald blüht'.

So kam es mit Ankündigung, der Mensch als Wesen viel zu zäh,
entkam dieser Gottgeißelung und blieb in seinem Prunkpalais.
Und Luzifer war plötzlich wach, die Ahnung kam mit einem Schlag,
denn Gott trat, ganz sein Wetteinsatz, hinab in das Höllengulag.

Und dort sind sie nun schon recht lang vereint in Hast, weniger Freud',
Gott unterhält im Alleingang, plant lauthals sein Komplott erneut.
Wir steigen nun vorsicht'g hinab und spenden die Aufmerksamkeit
den Vorgängen im Weltengrab, fern jedweder irdischen Zeit.

Prolog

Querkreuzsturz

Da hängt es, das Großmartyrium,
vier Schlag am Kreuz, selbst leis', gar stumm,
am Fuß jedoch der Trugvasall,
die Worte leer, ein Maskenball.

Dort schwafelt die Betroffenheit,
„Bin bei Dir, teil' mit Dir Dein Leid.",
jedoch der Beistand währt nur kurz,
nichts bewahrt vor dem Höllensturz.

Dort liegt im Schlamm die Niedertracht,
im Bettlerhemd die Lüg' gebracht,
der Menschheit ewig während' Fluch,
das Bußgewand ein Leichentuch.

Hätten sie des Nächsten gedacht,
der Nachwelt Güte dargebracht,
dem Leben jed's Gebet geschenkt
und nicht die Welt in Leid ertränkt.
Womöglich wär' Gott's Zorn dann mild,
doch so ist's Wirrsal, rasend wild:
„Großtaugenichts verschwind', entflieh!
Hoeholzbagdtal Qualsymphonie."

Einklang

I

So sehen wir im Jahr des Herrn,
obwohl im Diesseits nicht zugegen,
ihn jedweden Einflusses fern,
kohlzugewandt das Feuer fegen.

Der Wette Verlust Gegenpfand,
doch wer hat eigentlich verlor'n,
ist allen nur zu gut bekannt
und jedem Auge schmerzhaft Dorn.

Obwohl Mephisto ihn ermahnt'
war Gott der Vernunft nicht bereit,
obwohl er kein Stück wetten kann,
führt' Wett' um Wette er herbei.

Und dies konstant unüberlegt,
kein Wetteinsatz war zu bizarr,
doch wieder, völlig aufgeregt,
verlor er und steht wieder da.

II

So in Süd Unterkirchabzell,
im Nobiskrug des Morgenstern',
rollt unentwegt die Geiferwell',
hört Gott nicht auf sich zu beschwer'n.

Nicht Geltung hier, kein Ränkespiel,
gar nur die Bilder, die stets war'n,
ird'sch Höllenqual, auch hier zu viel,
kein Faust'scher Pakt konnt' ihn ermahnen.

„Hier ist's zu heiß, soll ich verbrennen?",
hinfort ist auch die Ruh' gefegt.
„Lädt man, sollt' man die Gäste kennen!",
Mephisto mild Sanftmut anregt.

„Nun feg doch sacht', mühst Dich zu sehr,
das Feuer, es brennt ewig hier.",
„o, Mitgefühl vom Höllenherr,
das Fegen überlass schön mir!"

Das Ziel, welches hier knapp verfehlt,
wenn Mephisto nur nicht dort stünde,
ist jenes, das am stärksten quält,
der Mensch, des Unheils Ursünde.

III

„Auswurfsgeburt, Bazillenbrut,
standgasfahrender Lumpenschut,
ich ertrag's nicht, halt es kaum aus,
ich schmeiß das Pack endgültig raus?"

„Warum tust Du Dir's täglich an
und dann, recht schnell, nicht irgendwann,
bist nah am Kollaps, ventilierst,
gar hyper den Verstand verlierst.

Nachts und des Tags verteilst Du Schuld,
Chaos erwächst aus Ungeduld,
wie Auswirkung der Handlung folgt,
so ist doch alles, wie's sein sollt'.

Mein Freund, ich möchte knapp bemängeln,
Dein unentwegt recht lautes Gängeln,
lenkt Dich schwer aufs Geratewohl
und ist auch Deiner Brut Symbol.

Rumsöderst trauerkeifend leer,
beschwerst Dich, rennst kopflos umher,
und geltungsbedürftig verlangst'
von jedem Zuspruch, langsam langt's!"

"Sie meiner Gnade Güt' zum Trotz",
"Du wiederholst Dich!", "lass mich kurz;
sterben nicht, wie geplant noch jung,
leben lang', glauben, ich sei dumm.

Da forschen sie, medizinier'n,
gleichwohl sie den Verstand verlier'n,
das heißt, der Mensch nicht nur verweilt
länger als gedacht, nein er teilt.

Und dies nur sich, der Zell' die Kron',
sonst teil'n sie nichts, nächstliebend Hohn,
verwüsten gierend mir mein Reich
der Herrlichkeit, dem Urknall gleich."

„Soso, hat's ihn nun doch gegeben,
erinn're mich, wollt'st's nicht zugeben",
„ich bitt' Dich, nicht die Diskussion,
wird müßig, hatten wir doch schon."

„Ein Glück, hast Themen nie zu lang
gedehnt mir bis zum Untergang.
Also, wohlan, nicht dass Du sonst
gar gar nicht mehr zu Worte kommst."

„Da sperrt man kleine Lumpen ein,
vor großen unterwirft's sich fein,
die machen niemals, was sie soll'n,
da soll sie doch der Teufel hol'n!"

„Moment, Moment, mal nicht so schnell!",
„nur Redewendung, kein Appell;
erdacht einst Programm mit Genuss,
'n bisschen fressen, Paarung, Schluss.

Doch greift die Brut ganz ohne Schein,
arg grob mir in mein Machtwerk ein,
wohl mit der eigennütz'g' Vision,
den Tod brüskier'n mit Spott und Hohn.

Da zerrt's und impft's am Überalten,
um der Natur Lauf aufzuhalten,
als tankt man 's Mobil, übersoll,
kurz vor der Schrottpress' nochmal voll.

Als stünden diese noch bereit,
wenn 's Kreuz zu setzen an der Zeit,
Daseinsziel wird der Urnengang;
politischer Machthaltungsdrang."

"Geistreich dies Gleichnis, als Befund
bringst Nächstenliebe auf den Punkt,
ein Glück, die Selbstsucht ist nicht Dein,
wie einst Dein Sohn, leid'st Du allein.

Na los, bin Ohr, heraus die Sprach',
welch' Böses erdacht'st nun zur Straf',
Rache, Vergeltung, Denkzettel, Buß',
Plage, Mühsal, Not, Todeskuss?"

„Nein, nein, diesmal wird's anders geh'n,
erklär's Dir kurz, schnell zu versteh'n,
wenn sie mir so ergeben sind
bring ich ihnen die Todessünd'.

Nicht eine, eine reicht mir nicht,
belag're sie, Knechtschaft Verzicht,
bestimm' als Sünd', ich Glaubenswirt,
all' das, was sie charakt'risiert."

„Irgendwie zieht sich permanent
Sadismus, ganz und gar enthemmt,
durch jeden Plan, Tat, jedes Wort,
die Rachsucht durch jeden Akkord.

Als Schinder, wie nur Du's sein kannst,
mir diese Eigenschaft fehlt ganz,
sand'st Du, wie ich Dich kenn' unlängst,
die Sünd' als Gab', als Dein Geschenk."

"Ach Freund, Du weißt mich doch recht
gut,
ein letzter Akt der Widerbrut,
nicht Planck-Zeit ihrer Blasphemie,
bin Gipfel jeder Hierarchie!"

„Auf dann, der Einsatz sei wie einst?
Hast Du Erfolg, der Welt erscheinst,
verlierst Du, bleibst Du vorerst hier,
und ich, ich bleibe Meister Dir."

„Hochmut und Geiz, Wollust und Zorn,
Voellerei, Neid und Traegheit soll'n
Achilles Fers' dem Menschen sein,
und Welten Herrschaft wieder mein."

„Einverstanden, ein zweiter Streich,
dem Kauer Menschensohnes Fleisch,
dem bluttrinkend' und kriechend' From-
men,
erneut, die Wett' ist angenommen!"

„Diesmal, mein liebster, ält'ster Freund,
wirst seh'n, 's Leben sich schwer
versäumt,
ist man nie auf des Wesens Welt,
mit Geist und Seele eingestellt.

Und nur transzendent orientiert,
sinnsuchend anderswo zentriert;
auch ich denk' oft an Maria,
von ihr ausgeh'nd

Baligia..."

I. Superbia

„Denn wenn du gleichgültig sein wirst, so wird - ehe du dich versiehst - auf euch, auf eure Nachfahren plötzlich irgendein Auschwitz vom Himmel fallen."

Marian Turski (*1926)

Der Hochmut, er kommt vor dem Fall, dass dies nicht ist, zeigt's überall,
das alte, weiße, satte Tier hält Hochmut schmückend sich als Zier.
Der Abstoßung sich nicht bewusst, brunft Silberrüb' bis zum Erguss
und kommt bei einer Gattung an, artspezifisch beim weißen Mann.

Trommelstahl

Weltentfremdung

"Ist auch kärglich des Krieges Brot, schaff uns täglich den Feinden Tod und zehnfältiges Wehe! In barmherziger Langmut vergib jede Kugel und jeden Hieb, die wir vorbeigesendet. In die Versuchung führe uns nicht, dass unser Zorn dein Gottesgericht allzu milde vollendet! Uns und unseren Bundesfreund gib Erlösung vom höllischen Feind und seinen Dienern auf Erden. Dein ist das Reich, das deutsche Land, uns muss durch deine gepanzerte Hand Kraft und Herrlichkeit werden." (1914)

Karl Wilhelm Dietrich Vorwerk (Pfarrer / Konsistorialrat 1870 – 1942)

I Heimat

Die Morgendämmerung illuminiert die Welt in schönstem Schein,
ein neuer Tag bricht an, am Fenster steh ich, aufgeregt, daheim.
Die Welt, sie blickt Tag für Tag, Stund' für Stund' auf die Gezeitenuhr,
welche das Ende einläutet und abringt mir den Treueschwur.

Das größte Glück, in Frieden leben, reißt entzwei erneut der Feind,
die Heimat uns zu schützen ist Befehl all'n, als Nation geeint.
Denn ist's uns're heiligste Pflicht, für Kaiser, Gott und Vaterland,
zur Not das Leben zu opfern, als uns'res Volkes Unterpfand.

… so musst' auch dies die meine sein.

Dem Menschen folgt' als Sukkus stets
der Krieg, jedweden Weg's er geht;
Kultivierung als Freiheitsschrei,
von Tyrannei zu Tyrannei.
Von Erlösung, Gunst der Gesang,
göttlich, himmlisch der Tugendklang,
so wurd' zur Natur, dass ja dieser
ganz unser ist, wie Duft dem Flieder.

Zwar hab' ich mich schon oft gefragt,
hat uns der Krieg je fortgebracht,
von all den Qualen, Not, dem Leid,
hin zum Wohle, welch' uns befreit'?
Doch als Jüngling, leichtgläub'g naiv,
dem Vaterlande stets mich füg',
sah diesen, wie er allen ist,
als Pakt und Pflicht, mir ganz gewiss.

Und als es dann hieß „zu den Waffen!",
braucht' ich nicht schwer mich
aufzuraffen,
wie Vater und Großvater schon,
in familiärster Tradition,
stand stramm, bereit, verbarg die Furcht,
Vaterlands Diener durch und durch,
auf dass ich diesem unversehrt
mein Leben bieten darf und werd'.

Schon bald der Tag des Abschieds kam,
der Mutter Kummer, Schwester Scham,
stand Vaters Stolze im Nichts nach,
wünscht' Wohle mir, haltungsbedacht,
und dass ich heil zurückkehr'n mag,
in dunkler Stunde nicht verzag',
welche mich oft begleiten wird,
„es wacht Dir stets der heil'ge Hirt".

II Heilung

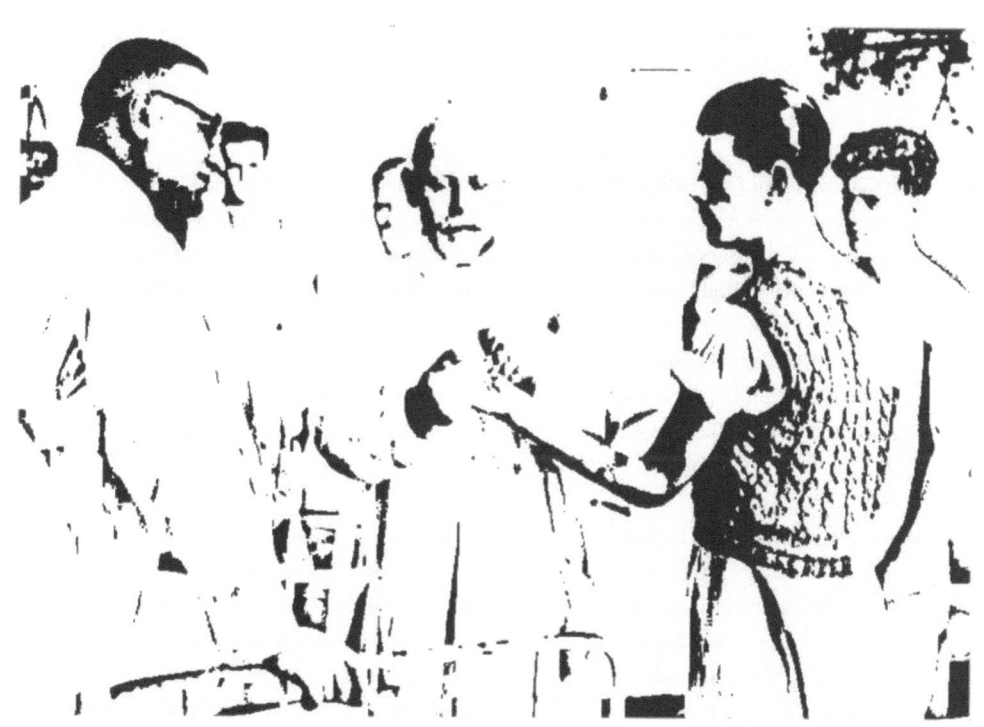

Der Abschied aus der Mutter Arm war schmerzvoller, als ich erahnt',
doch drängt' ich als bald'ger Soldat beiseit', welch Übel mir doch schwant'.
Verließ so Vater, Mutter, Hof, im Glauben stark, als Patriot,
fürchtete, wie ich mich belog, weder Verwundung noch den Tod.

Als ich dem Schwarm der Ankunft folgt' und in tausend Gesichter sah',
erkannt' ich mich als Spielfigur, nahm mich in fremder Rolle wahr.
So war ich dort, wie nie zuvor, ein Fremder, war doch Körper bloß,
nummeriert und auf Herz und Nier' untersucht und ausreichend groß.

… kehrt' zurück in Families Schoß.

Wie Gott uns schuf, an Leibern viel',
als uns der erste Schrei befiel,
standen wir, jeder Blicke mied,
entblößte Herd' in Reih' und Glied.
Frierend und beschämt trat ich dann
an den weißen Kittel heran,
nahmen Größe und Würde mir,
war so nur noch ein Blatt Papier.

Der Heldenklang im Lied verführt'
fortan, so wurd' die Angst verschnürt,
nichts vermochte uns bald und dort
entreißen des Krieg's blendend Wort.
Wär'n bald am liebsten losgestürmt,
euphorisch, ob des Feind's erzürnt,
in Schlachten holen Sieg auf Sieg,
schließlich zu gewinnen den Krieg.

Wehrfähig, diffus, doch befreit,
empfing ich das Soldatenkleid,
die Zuordnung, mein Regiment,
Identität auf dem Kriegshemd.
Ganz ausgerüstet, feldbereit,
wurden in Stuben aufgeteilt,
Kameradschaft als Ehrenlot,
Im Leben, der Schlacht und dem Tod.

Dem ersten Tag folgte die Nacht,
welche nur wenig Schlaf gebracht,
um Schlage fünf Uhr in der Früh
weckt' uns des Sergeants Kik'riki,
und kurz darauf, getrieben, schnell,
gings auf den Hof zum Frühapell;
in eine dunk'le Endvision,
war nie mehr Kind, Bruder, noch Sohn.

III Hegemonie

Wie war es möglich, dass ich nie des Lebens wusste, dass ich bloß
war dumm, naiv, ein kleiner Bub, fremd dieser Welt, so ahnungslos.
Nun trat ich ein, uniformiert, mir zur Seit' Kaiser, Gott und Land,
entschied bedingungslos zu folgen jenem, welcher so vor mir stand.

Wie ich bald merken sollte, war auch dies der einzig' rechte Pfad,
Persönlichkeit, Gefühle, all das Ich war dem Schleifer Verrat.
Die Strafen unbarmherzig, lernte schnell, das Denken einzustell'n
und mich zu unterwerfen, ganz und gar des Schleifers Herrschaftswill'n.

… sei Vater und auch Henker mir.

Hinauf, hinab, schnell, schneller, schnell,
die Schreie krächzend, fluchten grell,
seit jenem Tag der Ankunft dort,
an diesem gottverlass'nen Ort.
Von morgens, bis spät in die Nacht,
als erst's zu vernehm', g'rad' erwacht,
konnt' niemand diesem Rausch entflieh'n,
des Schleifers Schleifen sich entzieh'n.

Nachdem auch das Ich ganzheitlich
gewichen der Soldatenpflicht,
bestand nun meine kleine Welt
aus Gieren nach dem Schlachtenfeld.
So waren wir alsbald bereit,
Kameradschaft, Geschlossenheit,
ganz entmenschlicht, ganz uns entrückt,
Kampfkollektiv im Schlachtenglück.

So nach und nach geschah es dann,
der Jüngling langsam wurde Mann
und lernte, was von ihm verlangt,
dienen Vaterland's Unterpfand.
Im Fieber zog der Tag vorbei,
marschier'n, Bewusstsein einerlei,
bis dies gänzlich den Halt verlor,
sich unterwarf des Schleifers Chor.

Und endlich befrei'nd Marschbefehl,
längst verkauft die unberührt' Seel',
den Frontrückkehrer sah'n wir nicht,
nicht sein entstelltes Fleischgesicht,
kein Schrei des Schmerzes, stilles Geh'n,
kein Aug', konnt' so auch uns nicht sehn,
sprach' leis' „mein Sohn, schreib'
nochmal heim,
der Brief, er wird Dein letzter sein".

IV Harmonie

Lieb Vaterland beschütze mich,
wie ich, heil'gen Eids, schütze Dich,
sei im Gefecht mir Wacht am Rhein,
hoff', schnell wirst wieder ruhig sein.

War nie fort von zu Haus', nie allein ohne Vater, Mutter, Freund,
jedoch hab' ich mir nun als Patriot o diesen Tag erträumt.
Unrast, Erregung, Sorge, Angst verblassten durch den Fieberrausch,
die neue Welt, die mich umgab, das Fieber jenes Daseinstausch'.

„O Kamerad, bald Freund im Feld, jener, der die Fremde nicht kennt,
stehst nicht allein, gehörst nun zum 10. Grenadier-Regiment.
Wirst seh'n, der Feind wird erschüttert von unserer Entschlossenheit,
ja, Ostern feiern wir daheim, so Gott will, sind gebenedeit."

… und hofft', Gott sei uns wohlgesonnen.

Schon bald d'rauffolgend sah ich dann
dies Acker Gottes, heil'ges Land,
für welches ich stolz kämpfen darf,
als Soldat stolz und treu und brav.
Ich ersann dann als Tagestraum,
in Zugabteil's begrenztem Raum,
welch' Ehr' und Ruhm der Jüngling
bringt,
dem Vaterland als Mann, nicht Kind.

So rief ich mir zurück das Bild,
welches mir wurd' leb'schützend' Schild,
als paradierender Kriegsheld,
stolz heimgekehrt vom Schlachtenfeld.
Wo Männer heute fall'n und steh'n,
es Blumen regnet, wo sie geh'n,
hab' so mir im Geist ausgesponnen,
als solch ein Mann zurückzukommen.

Anstell' von Wald, Wiesen und Dorf,
trat bald jener bizarre Ort,
Elmsfeuer, geisterhafter Rauch
und bedrohliche Laute auch.
Sagenwelten zeichneten mir
den Höllenschlund, Satan, das Tier,
doch war jene Phantasie nur
lieb' Tagtraum, wie ich bald erfuhr.

Aus diesem Traume riss mich dann
der Halt des Zuges, und fortan
war mir der Traum nicht Schutzkleid
mehr,
erwacht' in einem stürmend' Meer;
aus Stimmen, Schreie, Donner grollt,
Fluch, der mich stets begleiten sollt',
ein Rausch, ein so besond'rer Klang,
welchen der Krieg mahnend ersann.

V Heiligtum

Zu Hause feiern Mutter, Vater, bestimmt gerad' Gottes Macht,
gedenken den Lebenden und den Toten in stiller Andacht.
Im Hause des Herrn, in unerschütterlicher Ergebenheit,
jedes Opfers, selbst das des Kindes Leben, zu geben bereit.

Wie könnte Gott, bei all der Treue, nicht an der Seit' des Kaisers geh'n,
den Feind, welcher arglistig Gott schmäht, entschieden entgegensteh'n?
So ist's Soldatenpflicht, bis in den Tod, seinem Wort Treu' zu schwör'n,
zu empfangen die Kommunion und so ihm ganz und gar zu g'hör'n.

… sei Du mein Licht in dunkler Stund'.

Empfand's so doch bewundernswert,
dass auch der Feinde Gott verehrt,
bei all dem, was an Übeltracht,
er dieser Welt hat dargebracht.
Der Pfarrer, auf dem Hügel vorn,
war unser geistiger Ansporn,
durch Worte, die von Gott gebracht
hat er zu Jüngern uns gemacht.

Der Feind, gottlos', Gesindel, feig',
zwingt uns zu jener Bitterkeit,
er bricht, bigott jedes Gebot,
Gott straft durch uns mit Schmerz und
Tod.
Keinen Meter geh'n wir zurück,
Geländegewinn nicht ein Stück,
auf dass Kugel und Bajonett,
wird Feindes teuflisch' Totenbett."

„Der heil'ge Geist steht' Euch zur Seit,
auch wenn ein mancher zurückbleibt,
wird er nicht hier im Feld verweil'n,
nein er kehrt ins Reich Gottes heim.
So ist ein gefallener Sohn,
Geschenk zu Füßen Gottes Thron,
wird auffahr'n in das Himmelreich,
ins Paradies der Ewigkeit.

So wurd' uns Gott's Segen gewehrt,
wurden auf die Schlacht einschwört,
vom Kriegsgerät wurd' im Gebet
Kraft und Beständigkeit erfleht.
Gott's Beistand uns vollkomm'n gewiss,
der Sieg wird so unser Gleichnis,
wir stürmen, halten dem Feind stand,
für Kaiser, Gott und Vaterland.

VI Halbsein

Ein Fluss aus Leichenwasser, Blut, Gebein, wollt' Rache nehmen bloß,
entfacht in mir jene Tollwut, der inn're Schrei, nun geht es los.
War'n abgerichtet, Wahn und wild, die Lefzen waren stets gebleckt,
mir war nicht klar, vor dieser Zeit, welch' wütend' Bestie in mir steckt.

Dann war 's soweit, des Wartens End', Fieber entfacht den Weltenbrand,
ein Meldegänger kam mit Marschbefehl vom Kommando gerannt.
Nur wenig' hundert Meter, doch die Welten hatten nichts gemein,
das was ich sah, nur Schrecken, die Hölle könnt' nicht grausamer sein.

… wünscht' mir bald, dürfte niederfahr'n.

So kam der erste Tag im Feld,
war kampfbereit, gar gierend wild,
der Feind, dem Vaterland Dämon,
der Sünd' entsandt, als Teufels Sohn.
Nie Gnad', nie Mitleid, nie Abkehr,
der Schlacht ein Lied, zu Gottes Ehr',
„der Sieg, o Herr, allein ist Dein,
der Krieg, er soll mein Opfer sein".

Er war mehr Bruder mir, als Freund,
an seiner Seite still geträumt,
war das Grauen mir nicht allein,
dieser Bruder sollt' Engel sein.
Ich wusste nicht, woher er kam,
kannt' nicht seinen Familiennam',
im Felde zählt' das Leben nicht,
trugen nur uns und dem Tod Pflicht.

Als ich den Graben dann betrat,
empfing mich warm ein Mörserschlag,
ein Schrapnell streifte mir die Wang',
der Mut, er wich, mir ward' nur bang.
Ein Geist stieß mich vorwärts der Wand,
er sprach: "Pass auf, erspar mir Dank,
wenn ich alsbald den Tod erblick',
erbitte ich mir Dein Geschick!".

In feuchter Nacht krochen wir raus,
spähten feindliche Posten aus,
auf dem Rückweg, kurz vor'm Verhau,
hört' ich das Zischen wohl genau.
Fritz, Bruder, Freund und Kamerad,
neben mir still im Schmutze lag,
unter dem Helm trat Blut heraus,
„mein Freund, ich bring' Dich jetzt nach Haus'".

VII Hypnos

Das G Neun Acht mir stets zur Seit', das Grabenschild spielt' Glockenläut',
das Hartkerngeschoss splittert' ab, wer's wagt', den Blick ins Feld bereut'.
Der Feind in Lauer sah genau jede Bewegung, Spiegelglanz,
die Männer saßen still beisamm', war's Gleichgültigkeit oder Angst?

Nur fünfzig Meter Kraterwelt, doch Welten, endlos fern und weit,
ein Querschläger fand noch sein Ziel, Gott's Strafe fehl'nder Tugendheit.
„Ich sagt' es Euch, die ziel'n genau," der alte Hans, ein Knochenmann,
„wer frisch umherspäht, Gott vertraut, kommt vielleicht nicht als erster dran."

… der Teufel, er soll Gott verzehr'n.

Die Fäulnis kaperte mich ganz,
die Fäulnis dieses Grabentanz',
ein Einton lähmte mir den Geist,
der des Wahnsinns Tür weit aufreißt.
Mein lautes Lachen riss mich oft
aus Träumen, die das Glück erhofft',
zurück in dieses Irrenhaus,
des Menschseins wahren Unterbaus.

So war es uns dann auch kaum schwer,
folgten wir alsbald wieder der
Stimme, die uns zur Rückkehr' trieb
und auf's neu' einschwor auf den Sieg.
Ein Niemand wusste, warum noch
der Kampfgeist geschürt wurde, doch
nahm es dem Neuling, Freund's Ersatz,
die Furcht, machte dem Hochmut Platz.

Nach Wochen kehrte man zurück,
verließ die Hölle nur ein Stück,
zwar nahm man die Ablösung wahr,
doch war uns der Graben stets da.
An jenem Ort, der kurz uns nur
bewahrt' vor Fronts Makulatur,
versuchte 's Sein uns zurückzuhol'n,
doch war'n wir zu sehr Grabkind schon.

An jenen Zyklus dritten Tag,
trotz verheißungsvoll'm Freundschaftsrat,
nahm freiwillig der Neue dann
den Aufklärungsmarschbefehl an.
Ich schrieb der Mutter seinen Brief,
in dem ich ihn als Held aufrief,
jedoch war er nur einer mehr,
den man vergisst im Totenmeer.

VII Hundstage

Die Temperatur stieg und stieg, täglich auf über 30 Grad,
brachte der Krieg nur Grau'n hervor, traf dieses uns- zusätzlich hart.
Die Kleidung und der Graben war'n in jenen Tagen kaum mehr Feind,
dennoch hat es der Herrgott auch jetzt hier mit uns nicht gut gemeint.

Zwar setzte uns die Hitze zu, lagen in Gäng'n, der Hölle gleich,
doch nicht beeindruckt waren wohl der Krankheit Träger, überreich.
Der Kampf fand auf den Feldern statt, doch ausgeliefert im Verschlag,
ein Seuchenfeld der schmutz'gen Leiber, Läusen, Ratten, Fleischunrat.

… fürchtete, was da vor mir lag.

„Sie wedeln!" alle blickten auf,
„Verwundete gibt's dort zu Hauf,
man hört bis hier ihr Wehklagen,
gib Zeichen, werden zusagen."
Sofort ergriff ich das Gewehr,
„Los, bring' mir ein weißes Tuch her",
band es sodann ans Bajonett
und trat vorsichtig auf das Brett.

Die Triage erfolgte zügig,
„die Toten bergen wir jetzt nicht.
Für den Morphin, das wird nichts mehr,
beeil' Dich und dann komm schnell her!"
Ich beobachtete das Spiel,
bis plötzlich mir die Hand auffiel,
in der ich Schokolade sah,
kein Feind, ein Freund stand vor mir da.

Bald krochen Körper aus der Schlucht,
„Geht los, bleibt mir trotzdem geduckt,
ihr wisst nicht, wie nervös der ist,
der an des Vickers Abzug sitzt."
Wir schlichen in das Niemandsland,
infernalisch war der Gestank,
es lagen vor uns Arm in Arm
Kameraden, die Feinde war'n.

Gab ihm Tabak und Feuerlicht,
rauchten gemeinsam, sprachen nicht,
aßen Schokolade ein Stück,
bevor es ging für uns zurück.
Hätt' den Abschied so gern versäumt,
kaum näher war mir je ein Freund,
schwor im Geist, beim nächsten Gefecht,
ziel' ich vorbei, ich Dir's versprech'.

VIII Himmel

Umarmungen und Freudenträn', fern katatonisches Hinnehm'n,
Küsse auf den Schmutz des Schlachtfelds, Flecken, die mir niemals vergeh'n.
Ein Höllenschmerz, der hier weitaus mehr nagte an der Unschuldsseel',
als im Feld, denn diesseits der Hölle spielt die Sünde ohne Hehl.

Lächelnd blickte ich in die Augen, die mir einst so vertraut war'n,
fremd jedoch im Angesicht des Terrors, dem ich nun kurz entkam.
Wie nur werd' ich jemals von dem Krieg in mir nach Haus' zurückkehr'n,
wüssten sie, wie ich Gott lästert', würden sie mich zur Hölle scher'n.

… wusst', würd' ihr nie entkommen woll'n.

Das erste Mal als Mann, gebeugt,
von Mensch' und Tier skeptisch beäugt,
betrat ich den Familienhof,
vor Vater, unsicher, hilflos.
Dieser legte behutsam, zart,
die linke wühlte seinen Bart,
die rechte um die Schulter, lieb,
was mir schluchzend die Trän' enttrieb.

In Erntepausen tollten frei,
die Welt dort draußen einerlei,
aßen und tranken Wein und Bier,
abends spielte Schwester Klavier.
Die Tage eilten rasch vorbei,
die Ernte zog den Tag herbei,
der erneut Abschied abverlangt',
abzwang mir jenen Schafottgang.

Der Trost, den ich so sehr vermisst,
die Wunden, einst Mutter geküsst',
schlossen sich für den Augenblick,
„mein Sohn, es geht noch nicht zurück".
Wie selig war der nächste Tag,
als ich sorglos im Grase lag,
kein Feuer, kein Gefechtslärm hier,
kein Hunger, pesttragen Getier.

So kehrte ich wieder zurück,
für jeden Wurst, ein gutes Stück,
der Augenblick, der Frieden bracht',
trat mich wieder ins Feld bei Nacht.
Und diesen Augenblick später,
die Heimat, sie war so lang' her,
war ich hypnotisch nachtenah,
wieder dort, wo ich immer war.

IX Heim

Der Regen stieß erbarmungslos vom Himmel hinab auf das Feld,
welches uns Heim, zu Hause war, inmitten einer Kraterwelt.
Der Boden nur noch Aderlass, spült' Blut und Seele einfach fort,
erflehte seine Weisheit „Herr, warum erreicht mich nicht Dein Wort?"

Der Spatenstil war schon ganz morsch, der Regen wusch den Sand zurück,
wir gruben, fluchten, weinten, doch hatt' keinen Zweck „grab' Stück für Stück".
Ein Schütze, von des Feindes Seit', hat' Langeweile, offenbar,
schickt' Salven, für uns Pause kurz, der Regen peitscht', lagen stumm da.

… und hofften, er hört niemals auf.

Nach Minuten nur war's vorbei,
zu uns drang englisches Geschrei,
da riss der Hauptmann, nicht zu knapp,
dem Rotzlöffel wohl den Kopf ab.
Wir lachten, dankten ihm klatschnass
für diese Pause und den Spaß,
als der Sergeant, in trocknem Zwirn,
mir Schlamm warf an die kalte Stirn.

Nach einer Zeit ohne versteh'n,
des Leibes und Geistes Vergeh'n,
trat endlich Licht in diese Nacht,
hat Gott uns'res Leides gedacht?
Dennoch, was in der Grube war,
verging nicht, war uns immer da,
und damit Krankheit, Pestilenz,
die Zeilen uns'res Testaments.

Wir gruben weiter, wie befohl'n,
den Sergeant sollt' der Teufel hol'n,
durch Schlamm, Gestein und den Morast,
das Sein, die Existenz verblasst'.
Gruben uns durch Fäulnis und Tod
durch Tierkadaver und durch Kot,
sanken nach einer Schicht zusamm',
ein Klumpen aus Gestank und Schlamm.

So blickte uns der Graben an,
was er wohl im Dunkel ersann,
was er wohl für uns vorgeseh'n,
wir hörten, konnten nicht versteh'n.
Die Brustwehr, ein Bretterverschlag
das Wellblech fing Schrapnelle ab,
drei Meter tief, zwei Meter breit,
der Weg zum Feind, er war nicht weit.

X Hölle

Das Gewissen mir Streiche spielt', wie war es möglich, dass ich heut'
den Kamerad' an meiner Seit' mehr misste als die Heimatleut'?
Ich wollte sie nicht mehr entbehr'n, an ihrer Seite ewig weil'n,
all' was mich ausmacht, Hab' und Gut und Seele nur mit ihnen teil'n.

Spendeten Trost, wenn einer fiel, hielten die Hand im Fieberwahn,
lachten mit mir, retteten mich, wenn ungehört der Tod ankam.
Es konnte nichts auf Erden tiefer als diese Gefühle geh'n,
ein Bund, der uns das Leben war, als Bund dem Tod entgegensteh'n.

… doch trat er teuflisch stets hervor.

Es folgte Tag auf jede Nacht,
Gnad'stund' Leben nach jeder Wacht,
die Kleidung klamm, trocknete nie,
der Schlamm, das Wasser bis zum Knie,
stets klingend' Stacheldrahtverhau,
der Fußbrand schmerzt', die Glieder blau,
Fieber versteckt im Lausefell,
Gefechtslicht reißt das Dunkel hell.

Die Orientierung längst verlor'n,
war's Fleisch verbrannt oder erfror'n?
Auch Hunger, Durst, rasend' Unruh',
ließ Erschöpfung nur in Trance zu.
Lag wie gelähmt, der Blick erstarrt,
vor mir im Schlamm ein Kamerad,
der Leib jedoch regte sich nicht,
kein Zittern belebt' sein Gesicht.

War's des letzten Mörsereinschlags
Verwundung, welcher er erlag,
war's Typhus', war's Fleckfiebers
Schlacht,
die mehr als der Krieg hingerafft?
Oder war's doch die Traurigkeit;
wenn's Weinen nicht mehr lindert's Leid,
ist Aufgabe Mut, wenn ich könnt',
doch war mir dieser nie vergönnt

War still die Nacht, hörte man Schrei'n,
der Wind trieb schwer Laute herein,
Arznei'n meist nicht verfügbar war'n,
der Arzt noch jung, oft unerfahr'n,
und war der Äther auch noch knapp,
schnitt er ohne Narkose ab,
hofft', dass des Fährmanns Glocke klingt,
bevor der Arzt die Säge bringt.

XI Hochzeit

Zwar lag der Fronturlaub doch erst wenige Wochen mir zurück,
doch blieb vom ersten Moment an der Front kein Stück von diesem Glück.
So schrieb ich, war es möglich mir, einen Brief nach Haus', Tag für Tag,
und sehnte mich sodann danach nach heimatlichen Wortertrag.

Und aus der Sehnsucht wurd' doch schnell eine Panik, die mich erwürgt',
wenn die Antwort braucht' ach so lang und in mir zur Verzweiflung führt'.
Doch plötzlich hört' ich meinen Nam', endlich die Antwort, trat heraus,
ich sah die Wiesen, Wasser, Hof, entzog mich kurz dem Irrenhaus.

… meine Welt auf dem Stück Papier.

Schnell suchte ich mir eine Eck',
vor all der Neugier ein Versteck.
Ich setze mich auf einen Pfahl,
genoss der Spannung lockend' Qual.
Eilig wusch ich mir meine Hand
mit Grabenwasser, trocknet' dann
gewissenhaft und öffnet' sanft
des Umschlages duftenden Rand.

„Lieber Bruder, wie geht's Dir?
Wenig hat sich geändert hier,
Mutter hält Vati schön auf Trab,
und er erhebt doch keine Klag'.
Auf dem Hof gibt es viel zu tun,
kaum Zeit bleibt uns hier ausruh'n,
Du weißt ja recht, wie es so ist,
wirst's seh'n, wenn Du bald bei uns bist.

Im Dorf gibt es schon wieder Streit,
der Xaver ist halt nicht gescheit.
Der Julius, der Wagner-Sohn,
fiel letzten Monat bei Verdun.
Das ist bereits der sechste aus
dem Dorf, komm' Du bloß heil nach
Haus.
Wir denken unentwegt an Dich,
Momente ohne Dich gibt's nicht.

Zuletzt noch die frohe Botschaft,
der Ludwig hat es heim geschafft.
Ist recht verletzt, doch nicht so sehr,
für ihn gibt's keine Frontrückkehr.
Wir möchten Hochzeit halten und
Dich als Zeuge des Ehebunds",
weiter kam ich nicht, wurd' geweckt,
des Hauptmanns Schritt klang durch den
Dreck.

XII Hauptmann

Nachdenklich ging er auf und ab und grübelte in seiner Welt,
in diesen Momenten war klar, bald geht's für uns wieder ins Feld.
Dann stand er still, der Geist in Trance, ein leises Flüstern war zu hör'n,
die Spannung schlich den Graben lang, niemand sprach, wagte ihn zu stör'n.

Wenn Minute sich zur Stund' dehnt, der Kriegslärm zu verstummen scheint,
ein Dämon durch die Krater schleicht und Himmel und Hölle vereint.
„Herhören, kommt alle zusamm'", zurück bleibt allein, was nun kommt,
„Die Heeresleitung informiert", da werden wir wohl nicht verschont."

… wie friedlich war das Leben einst.

„Auf geht's, es ist wieder soweit,
hat lang' gedauert, wurde Zeit,
des Metzelns wegen sind wir hier,
DAS unterscheidet uns vom Tier.
Wohlan, auf dass die Trommel spielt,
denn wir tun, was der Fürst befiehlt,
wir opfern alles, auch uns selbst
tun, was der OHL gefällt.

Denn was soll sonst diese Schlachtbank,
wie Vieh gepfercht vorm Bolzengang,
warum wir hier im Schmutze steh'n,
nur um ins Inferno zu geh'n?
Wir treten raus, verteil'n uns dann,
denn oft lohnt's nicht für einen Mann,
die knappe Munition zu leer'n,
werden sich wohl um Gruppen scher'n.

Der Fürst befiehlt, wir folgen blind;
aus welcher Richtung weht der Wind?
Aus Osten; vielleicht kommt's drauf an,
wer tiefer glaubt und sühnen kann.
Befehl ist uns nun mal Befehl,
wenn Hoffnung schwindet, auf Gott
zähl',
hat schließlich uns hierhergebracht,
und uns, den Lebenden, gedacht.

Dennoch, verliert den Anschluss nicht,
wenn, lassen wir Euch nicht im Stich,
ihr bleibt im Felde nicht allein,
bleibt ruhig, wartet, bloß kein Schrei'n.
Wir finden Euch, hol'n Euch da raus,
habt Geduld, harrt im Trichter aus,
so haben wir doch keine Wahl,
hinter und vor uns Trommelstahl."

XIII Hasardeur

Wenn man Gevatter Tod nähersteht als des Lebens Höllenqual,
welcher als einz'ger Ausweg scheint, zu entkommen dem Feuertal,
wünscht man sich wehmütig an Stelle der bereits Entkommenen,
doch weiter treibt ein Instinkt, welcher längst hat's Sein übernommen.

Wo ist nur jener inn're Wahn, welcher mich hat zum Tier gemacht
und welchem ich am ersten Tag mir selbst als Opfer dargebracht?
Warum nur muss ich wachen und erleben diesen Übelgang,
ich mir doch nur erseh'n der Wiedergutmachung geknüpften Strang.

… will Buße tun, für was ich tat.

Und so trag' ich mich Schritt für Schritt,
ein Schatten, der 's Schlachtfeld betritt
und selbstunbemerkt zurückkehrt,
den Munitionsgürtel entleert.
Jedoch erinnere mich kaum,
jede Sequenz schieint wie ein Traum,
wie ich auch nur einen Schuss tat,
ich dem Feinde entgegentrat.

Als Gruß der Heimat im Stahlkleid,
ein Schleichhauch 's Ende prophezeit,
so geisterhaft, so unheilvoll
umschwebt ein Nebel jeden Zoll,
umarmt gar zärtlich und liebkost,
ergreift, hält fest, lässt nicht mehr los,
dient Wissenschaft im Fried' jed'mann,
dient sie im Krieg dem Vaterland.

Bin eines Tag's zurückerwacht,
gar Neues ward dem Krieg gebracht,
hat bisweilen das Feuer doch
das Grau'n zu verbreiten vermocht,
das Stahlgewitter unentwegt,
als Panik durch den Geist gefegt,
biet' sich ein neuer Dämon dar,
nichts wird mehr sein, wie es noch war.

Todesschreie, niemals gehört',
das stolze Tugendland zerstört,
„wohin ist die Soldatenehr',
Unschuld verlor'n, ohn' Wiederkehr?
Zutiefst erschüttert klag ich an",
mein Wort, and'ren Zersetzungsklang,
muss so als Strafvorhut ins Feld,
der ersten Well' vorangestellt.

„Nimm Abschied Freund, nimm Abschied Freund,
jener, der mir am Nächsten ist,
seit jeher nur tiefst' Schwarz geträumt,
der letzte Abschied Frieden ist."

XIV Himmelfahrt

O Herrgott, nimm das Leben mir, verzeih mir, weil ich dies nicht kann,
wünsche, ein Schrapnell streckt mich nieder; ein Kamerad greift meine Hand.
„Steh auf, der Tod find't uns gewiss, doch nicht heut', glaube unbeirrt,
dass kein Schlacht- und kein Kampfesende auch sodann das uns're wird."

O Mutter, Vater, warum nahmt auch Ihr mir dies Versprechen ab,
gibt es doch nichts hier im Schatten, erflehe Tag und Nacht mir Gnad'.
Da ist nichts mehr, was einst war stark, die Zuversicht, die inn're Kraft,
die durch Euch immer mir verlieh'n, schon lang' nichts mehr in mir entfacht.

Bleibt bei mir, Mutter, Vater, steht zur Seit' im Schützengraben hier,
haltet meine Hand im Traum, auf dass ich nicht den Verstand verlier'.
Gott hat uns hier verlassen, das was hier ist, kann er nicht gewollt,
steh'n wir hier als Sünder, damit das Leid des Krieg's uns Ablass zollt?

Will sterben, doch muss leben, will aufgeben, doch muss stets voran,
ersehn' zu oft das Ende, welches ich erflehe schon so lang.
Gleichgültigkeit, ein Leichentuch, welches sich wärmend um mich legt,
wenn der Sturm des Untergangs wieder über das Leichenfeld fegt.

Weiter vorn' hört's winseln nicht auf, „Zahnschmerzen, ausgerechnet jetzt.",
ein Kamerad gleichgültig schaut, während er 's Bajonett aufsetzt.
Das winseln geht jäh unter im Geschrei:" Mensch, schalt das Jammern aus!",
„Es nützt nichts, halt den Kopf gut fest, zieh' den verdammten Zahn jetzt raus."

Die Stellung halten, Tag und Nacht, Angriff, Verteidigung, Ohnmacht,
Wasser schöpfen, kaum Schlaf, stets wach, ein Läufer hat Nachschub gebracht.
Zu wenig Nahrung, Munition, das Wasser stinkt nach Kot und Tod,
kein Fleisch, kaum Fett, Kartoffeln roh, schimmlig ist hier jeder Laib Brot.

Doch vielleicht endet's bald, seit Stunden feuernde Artillerie,
das Zeichen für Freund und den Feind, ein Zeichen für die Infanterie.
Die Uhr schlägt drei, ein Geschoß ganz nah an meinem Ohr vorbeischwirrt,
vielleicht ein Zeichen der Vorsehung, dass die Schlacht mein Abschied wird.

Das Trommelfeuer wartet schon, das Blutgerüst ist aufgestellt,
es ist so weit, wir steh'n bereit, die Grabenwand uns noch kurz hält.
Das Geschützfeuer, nach und nach, nimmt ab, bevor es ganz verstummt,
der Kommandeur schaut leer zu mir und führt die Pfeife an den Mund.

… willkommen, Pandämonium.

Ein Sturm bricht los, die Nacht bricht an, des Todes angesichts,
der erste Schritt, grauenentbrannt, so nah, rettendes Nichts.
Der weiche Boden lähmt den Gang, der Herrgott nichts vergibt,
Angst im Gepäck, gelähmter Geist, „Lauf!" greift es mich und zieht.

Das Stacheldraht raschelt, verstört, schrei' Mut mir zu im Wahn,
„Halt Stand Frontschwein", ein Bolzenschlag, der Irrsinn bricht sich bahn.
Granaten explodier'n am Leib, zerfleischen, was g'rad' stand,
ein Nebel schützt mich vor dem Seh'n, schmeck' nurmehr Blut und Sand.

Ein Kriegsgespenst greift nach der Seel', entzündet in mir ein Fieber
die Todesangst streichelt mich sanft, flüstert mir dunkelste Lieder.
Sie nimmt mich mit, steigt hoch empor, zeigt mir, was für mich ist bestimmt,
küsst meine Stirn, trägt mich hinab, „erwarte den, der Dich mitnimmt."

Ich spring' voran, die Kraterwand schützt mich kurz, doch ich muss,
just aufspringen, darf nicht verweil'n, genau trifft jeder Schuss.
Das Schlachtfeld, Gottes Massengrab, Körper fallen vor mir,
waren mir g'rad' noch Schutzschild, doch nun bin ich es vor Dir.

Die Körper, welche mir vergeh'n, kennen nicht Freund, nicht Feind,
die Uniformen braun, eng umschlungen sind sie vereint.
Es existiert weder Gesicht, kein Alter oder Stand,
wir alle sind nur Massengut, längst Fleisch, gut abgehang'.

Das große Heldentum, der Mensch, ist längst schon am Blutrausch zerschellt,
was er sich gegenseitig tat, wird ihn folgen, bis das Beil fällt.
Der Mythos ist nur Lügenmeer, schwammen in ihm von Beginn an,
es schütze uns und hielt uns warm, dass es uns schließlich opfern kann.

Die Nacht verbrennt im Feg'feuer, doch ist die Höll' gewiss',
der finst'ren Macht sind wir der Knecht, der Scherge, der bin ich.
Ich lieg' noch immer, neben mir ein Freund und Kamerad,
ich lächle, „komm, wir müssen fort", „Bein" bloß hat er gesagt.

Ich blicke ihn an, schau hinab, greif' sanft nach seiner Hand,
„bleib liegen, hol' Hilfe für Dich, doch mach mir keine Schand'!"
Als ich aufspring' nickt er mir zu, die Mine steinerstarrt,
in seinem Blick seh' Worte ich, „ich niemals wieder wart'".

Ich springe zurück in die Schlacht, bizarr, grotesk, Traum oder Trug,
des Schauspiels letzter Akt bricht an, ich spüre es, es ist genug.
Bewegung ohne Wiederkehr, letzter Weg in ein trübes Tal,
Instinkte übernehmen nun, der Darm leert sich ein letztes Mal.

Götterdämm'rung, Weltuntergang, erblick' den tiefen Schlund,
welcher sich öffnet, dort vor mir, fordert mir ab den Bund.
Bewege mich starr auf ihn zu, einzig nur ihn im Blick,
ein Schritt zu viel, gleißendes Licht holt mich ins Sein zurück.

Ich stürze, falle, spür' den Sand auf meines Körpers Rest,
kein Laut erreicht mich, friedlich Ruh', die Schlacht mich nun entlässt.
Ein Traum schützt mich vor all dem Schmerz, welch' fremdes Wohlergeh'n,
Weltabgeschiedenheit erfüllt ein letztes Wiederseh'n.

Ich halt' die Hand, mit letzter Kraft, gesandt, die Hilfe mir verspricht,
bevor die Morphinspritze mich, gebracht von einem Engel, sticht.
Kompressen drücken meine Brust, ein Gurt schnürt ab das restlich' Bein,
ich danke, denn ich fürchtet' stets, dass Bös' wird doch mein Ende sein.

Verabschiede mich von Mama, von Schwester und Papa,
ein letztes Mal streichelt mich zart, des Feldes Gras so nah.
Ich danke Euch, wart stets mein Heil, wart Licht auf jedem Pfad,
steht nun auch mir zur Seit', wenn jener Augenblicke naht.

Der letzte Gedanke gilt Dir, mein rasend' Vaterland,
warum hast Du denn ach so viele Menschen nur verbrannt?
Hast mich erzogen, warst mir stets im Kummer Hoffnungswind,
dann stießt Du mich ins Feld hinaus, weinst nun nicht um Dein Kind.

Mein einst geliebtes Vaterland, wirst nun endlich mir ruhig sein,
Deinen Segen lehne ich ab, will Dir Deine Schuld nicht verzeih'n.
Vom Horizont her nähert sich ein Freund, führt sanft, sein Boot,
die Kutte schwarz, groß von Gestalt, erkenne ich den Tod.

„Solang ein Tropfen Blut noch glüht,
Noch eine Faust den Degen zieht,
Und noch ein Arm die Büchse spannt,
Betritt kein Feind hier deinen Strand."
Max Schneckenburger (1819 – 1849)
„Die Wacht am Rhein" 1840
Niederwalddenkmal

Solang 's Feuer Instinkte schürt,
es den Verstand listig verführt,
wird Glaube uns zum Opfergang,
den schmalsten Todesgrat entlang.

Solang der Mensch noch aufrecht steht,
als Trug ihm eine Fahne weht,
ein Leben leichter als Stahl wiegt,
solang' treibt uns der ew'ge Krieg.

„Ich habe die Erfahrung gemacht, daß selbst Raubtiere dem Menschen nicht so feindlich gesinnt sind
wie die Christen gegeneinander."

Flavius Claudius Iulianus Julian (331 – 363)

Identität

Du bist nur ein Clown, rührst, schaffst lächelnd Vertrau'n,
oft traurig, doch so wunderschön anzuschau'n,
und wenn Du warmherzig Deinen Schwermut zerschminkst,
verbirgst Du geschickt, welche Last Dich umschlingt.

Du bist nur ein Narr, scheinst naiv und skurril,
doch niemand entschlüsselt das Cabaret Deines Spiels,
Du stellst waghalsig bloß, führst an Nasen herum,
lässt entgeistert zurück, spiegelst Geist, stellst Dich dumm.

Man nennt Dich Philanthrop, hältst Dich vornehm zurück,
bist gar selbstlos bescheiden, verschenkst Dein Stück vom Glück,
gibst viel lieber, statt zu nehmen, oder ist's Dir ein Muss,
bist Du längst nicht so selbstlos, dienst nur Deinem Nimbus?

Du fühlst Dich erlesen, kokettierst scharf umher,
suchst verbissen nach Geltung, dieses Weg's nie Abkehr,
verurteilst was Du fürchtest, lässt kein Abweichen zu,
die Selbstlüge, der -verrat; bist das vielleicht Du?

Ganz egal, wer Du bist, und egal, was Du tust,
keine Macht der Bedeutung, Wandel im Flug immerzu,
was auch immer Du darstellst, prahlen ist Dir Natur,
doch ist Leben bloß Posse und Bewusstsein Farce nur.

Bildungsland

Der Architekt braucht keinen Plan,
weil er sowieso alles kann,
er fängt sogleich zu bauen an,
wie's ausgeht, sieht er später dann.

Die Schmiedin hat 's Feuer entfacht',
fast keinen Großbrand verursacht,
weiß schon, was man so aus Stahl macht,
hat ja wohl d'rüber nachgedacht.

Der Koch, er braucht auch kein Rezept,
selbstsicher alle Messer wetzt,
hat sich manchmal recht eingeschätzt,
wenn nicht, Brühwürfel aufgesetzt.

Die Anwältin hat's Recht studiert,
die Gegner im Gericht seziert,
und wenn sie dann doch mal verliert,
wird ad hominem argumentiert.

Der Polizist, ganz nach Dienstrang,
braucht keine Richtlinien, denn wann
und wo und was und wie er kann,
entscheidet sich halt nach Vorgang.

Die Ärztin, sie braucht kein Konzept,
erstellt selbstsicher das Rezept,
denn Erfahrung 's Wissen ersetzt,
dieses wird eh arg überschätzt.

Die Feuerwehr löscht manchen Brand,
wie sagt doch der Menschenverstand,
so geht's ihr einfach von der Hand,
nützt 's Wasser nicht, nimmt man halt
Sand.

Entschuldigung, hab' mich geirrt,
bin manchmal regelrecht verwirrt,
natürlich erbringt jede hier,
höchste Qualität konzentriert.

Meisterlich ist man doch gewillt,
wird des Rohlings Anspruch gestillt,
das Werkzeug man so exakt wählt,
es wird veredelt, nicht gequält.

Man unterscheidet sehr genau,
prüft Eigenschaften, den Aufbau,
Ergebnis dieser Edelschau,
's gibt so viel mehr als Einheitsgrau.

Geleitet von der Theorie,
vom Bauchgefühl ganz sicher nie
oder erdachter Utopie,
ist Lehrsatz Leitkategorie.

Doch in der Bildung ist's egal,
da hat das Werkstück keine Wahl,
das Werkzeug meist diametral
entspricht des Rohlings Natural.

Fachwissen 's halt nicht immer Pflicht,
das Bildungssystem braucht es nicht,
als unschuldig und auch kläglich
unfehlbar inszeniert es sich.

Der Pädagogen Überbauch
weiß ganz genau, wie's Führung braucht,
da wird verfügt, erlassen auch,
Erkenntnis unterwirft sich Brauch.

Die Lehrkraft kennt nur ein Mindset
und ignoriert scheinbar komplett,
wie's Gehirn gänzlich als Subjekt,
Information' verarbeitet.
Und wird die Ordnung hinterfragt,
oder gar Machtmissbrauch beklagt,
wird Strafe verhängt, Tag für Tag,
damit dies bloß kein and'rer wagt.

Da wird das Werkstück malträtiert,
mit Axt und Brecheisen normiert,
damit dieses endlich kapiert,
dass sein Wesen kaum int'ressiert.

Umtauschen kann man es nun nicht,
bei Kritik man auf 's Kind eindrischt,
nur Eltern sieht man in der Pflicht,
nur weiter so, frei, fromm und frisch.

Wär' Wissenschaft in solcher Form
erkenntnisgewinnende Norm,
wär' Wissbegierde nicht Ansporn,
bloß, ist sie hierarchiekonform.

Kein Motor lief, kein Haus würd steh'n,
ein jedes Boot würd' untergeh'n,
man könnt' das Leben nicht versteh'n,
nicht über den Horizont seh'n.

Der Zufall würde das Rad dreh'n,
verschrie'n wär'n uns neue Ideen,
wir würden immer noch recht schön,
von Höhl' zu Höhl' spazieren geh'n.

Glaubten an eine höh're Macht,
dass diese hätt' uns hergebracht
und uns zum Herrn der Welt gemacht,
über welche diese stets wacht.

Würden, uns selbst alles verzeih'nd,
nur dieser Macht verpflichtet sein,
Gräuel begeh'n und dann recht fein
beichten, schon wär 's Gewissen rein.

Doch sind wir zu unserem Glück
von solchem Denken abgerückt,
nur vielleicht sind wir doch ein Stück
völlig geisteskrank und verrückt.

Himmelreich

Wie 1000 Sonnen gleißend hell, die Seele universumgleich,
geleitest Du mein Schiff und mich hinein ins ew'ge Lichterreich.
Wo nichts heller als Du ach scheinst, die Göttin o jedweden Lichts,
doch stolp're und auch falle ich, geblendet, denn ich seh' halt nichts.

Und just vernehm' ich engelsgleiche Stimme, die mich aufsteh'n heißt,
tu' dies, öffne die Augen, doch das Licht mir derb' in diese gleißt.
Zwischen den Schmerzensschreien und dem Blut vom Sturz, das Ohren füllt,
vernehm' ich zwar recht leise, doch recht deutlich Deine Stimmenwelt.

Ich setz' mich, erschöpft, lausch' bedächtig, bitt' Dich, leite mich zu Dir,
denn kann ich wieder seh'n und geh'n schwör ich Dir, nichts hält mich mehr hier.
Und wieder, flüsternd, lockend, raff mich auf, folge der Stimme zahm,
schon bald geschafft, bin kurz vor Dir, da stößt's, „was ist in mich gefahr'n?".

Zwar seh' ich nichts, jedoch bin sicher, da ragt etwas aus meiner Brust,
beginn' zu raten, hat keinen Zweck, schade, hätt' es schon gern gewusst.
Nun blind, gepfählt, das Knie zerstört, zudem ist auch der Fuß gebrochen,
egal was ist, nichts hält mich auf, zur Not komm ich zu Dir gekrochen.

„Wer, Liebste, hat gestellt die Hürden in den Weg, den Du geführt,
zu Dir, folgend der Stimme, welche einzig nur mein Herz berührt?"
Im Todeskampf wart' ich gespannt auf Antwort, Kraft von 1000 Drachen,
liebreizend' Melodei, hör's nun genau, Dein spotthämisches Lachen.

Doch wo und wann und wie wär's lieber mir, zu kehr'n ins Seelenreich,
wenn nicht bei Dir und jetzt durch Dich, geleitest mich gar sanft und weich
auf Engels Schwingen durch die Nacht, die Dunkelheit, hinein ins Licht,
lässt mich zwar fall'n, doch lieb' ich Dich, da stört mich auch Dein Lachen nicht.

2. Avaritia

„Lüsterne Gier, gallichter Neid, vergrämte Rachsucht, Pöbel-Stolz: das sprang mir Alles in's Gesicht.
Es ist nicht mehr wahr, dass die Armen selig sind. Das Himmelreich aber ist bei den Kühen."

Friedrich Nietzsche (1844 – 1900)

Habgierend tropfts dem Mund herab, der Speichelfluss, er ölt das Rad,
welches den weißen, gierend Schlund sanft trägt über unebenst' Grund.
Ist gut geölt, drum 's Fahren Pflicht, auch wenn der Überfahr'ne bricht,
vom Niederg'fahr'nem Speichler nimmst Zurückgelassenes geschwind.

Würde

Ein Menschlein sich doch schwer ernst
nimmt,
eloquent ungehemmt;
was dieser unselbstwissend glaubt,
schamlos die Wahrheit nennt.

Dem Meschen uneingeschränkt dien',
laut Dir, Deine Passion,
Böses abwehr'n, Wohlstand Gott's Lohn,
Dir heiligste Mission.

Jedoch ist der Mensch wählerisch,
Mensch ist dem Mensch' nicht gleich,
Gott sprach zu uns, habt kein Mitleid,
der Harte sei siegreich.

So treibt der Mensch sein Unwesen,
handelt, wie's ihm beliebt,
denn Meinung ist sein Lexikon,
die Stimmung ihm Antrieb.

Mitgefühl ist Verrat, drum schlagt
alt und jung, Mädchen, Bub,
gewährt dem Weibe nicht ein Stück,
dem Fremden nie Obhut.

Schließlich seid Ihr das Strafgericht,
verurteilt und verklärt,
schreibt dem And'ren seinen Wert zu,
wie Gott es Euch gelehrt.

Schlagt zu und teilt die Ernte nicht,
den Invasor'n den Tod,
sie sind ganz und gar des Unheils,
das Übel durch sie droht.

So füllst Du Seen mit Erschlagenen,
doch findest erst dann Ruh',
ist 's letzte Kind am Fels' zerschellt,
erst dann hast Du genug.

Auserwählt, gottesfürchtig, rein,
hältst Unrat fern der Welt,
auf Dich war immer schon verlass,
denn Macht nur Ordnung hält.

Jedoch voller Selbstherrlichkeit,
spürst Du die Welle nicht,
die durch Dein Wüten aufgetürmt,
erdrückend ihr Gewicht.

Und als sie laut, unheilvoll bricht,
Dich unter sich begräbt,
zerschmettert's letztendlich auch Dich,
dennoch, Du hast gelebt.

Bei uns im schönen Bayern I

Der Markus im bayrischen Gau, das weiß der Bayer ganz genau,
frisst als bayrische Urgewalt ausschließlich seinesgleichen halt.
Das Rindviech schläft neben der Sau, die Sau nennt er liebevoll Frau,
auch sie frisst ihresgleichen gern, was sich bewegt 's gut zum Verzehr'n.

Die Tochter hat Anorexie, eignet sich somit nicht als Vieh,
kann der Nahrungskett' so entflieh'n, gefräß'gen Blicken sich entzieh'n.
So garantiert sie auch Balance, für sie ist's auch die einz'ge Chance,
des Vaters und der Mutter nicht zu werden deren Mittagstisch.

Denn auch sie möchte noch zu gern als Futtermasse sich vermeh'rn,
denn reichen muss das Bayernvieh, Invasor'n frisst der Bayer nie.
Der Monokultur Fortbestand muss g'sichert wer'n im Bayernland,
der Wildwuchsbestand wird so streng an der Landesgrenz' aufgehängt.

So ward die urbayrische Art vor Invasoren jäh bewahrt,
denn Schwein und Sau frisst hier nur Rind, wenn diese auch einheimisch sind.
D'rum ist ein jedes angehalten, die Futtermasse reinzuhalten
und bayrische Ordnung und Zucht gedeih'n lässt in der Lenden Frucht.

Der Bayer wirkt auf and're wild, gerad' wenn er den Hunger stillt,
ist ungehemmt und weiß meist nicht, was da gerade aus ihm spricht.
Die Tollwut steckt im Bayerngen, das hilft, den Bayer zu versteh'n,
besonders wenn 's Rasen beginnt, und er sich halt wie er benimmt.

Falls dann der kleine Hunger kommt, der Kühlschrank leer, 's Enkel zu jung,
schlägt Markus beim Schaf selbst gern zu, schiebt's dann dem Wolfe in den Schuh.
Schleicht sich auf allen Vier'n bei Nacht ans Ställchen, zum Glück schwach bewacht,
und reißt im Blutrausch, eins, zwei, drei, der Schafe vier, schnell, kein Geschrei.

Beim Anblick des Schafsholocaust', 's dem Wolf am Waldrand furchtbar graut,
er weiß, was nun auf ihn zukommt, der Markus ganz und gar nichts schont.
Fleischreste zwischen Zahn und Zahn nebst Weib, verbunden deren Arm,
schreit's geiferspuckend in die Meut': „Der Wolf, der wird abgemurkst heut'!"

So lebt der Bavariopopophagus recht isoliert, für ihn ein Muss,
trotz Wildbahn schützt das Leittier so die Herde im bayrischen Zoo.
Gewarnt sei doch der Nord-Tourist, weil der Bayer bei Mangel frisst,
den Rasseanstand wahr'nd gewiss, was seiner Art am nächsten ist.

Bildungszier

Liebe Gäste und lieber Freund,
bin klar, gefasst und aufgeräumt,
und doch, was g'rad' uns widerfährt;
hat die Vergang'heit nichts gelehrt?

Drum ist g'rad' dieser Vortrag mehr
als nur Danksagung oder sehr
lange Beschreibung uns'rer Zunft,
es geht mehr um uns're Zukunft.

Ein Aufschrei geht durchs deutsche Land,
von vielen Katastroph' genannt,
das Ende naht, der Untergang,
Potzblitz, seh' nur Erneu'rungszwang.

Doch was wird aus der Tradition,
den Werten uns'rer Nation,
den Tugenden unseren Land's,
weltweit als Vorbild anerkannt.

Prophezei', bald wird 's vorbei sein,
ein Dämon schleicht sich leise ein,
Schrift bald nicht mehr als Schrift be-
kannt,
das Denken abstrakter Zustand.

Und dieser Dämon, bitte sitzt,
ich stell's dar, gar nicht zugespitzt,
spottet er jeder Beschreibung,
ja, die Digitalisierung.

Konnten uns Jahrzehnte erwehr'n,
den Zugang ins System erschwer'n,
doch ist sie so erbarmungslos,
den Dichtern, Denkern der Dolchstoß.

Und nun ist das Maß übervoll,
das Diktat längst im Übersoll,
allein eine Bastion noch bleibt,
Schulen sind noch nicht einverleibt.

Genau jetzt ist die Zeit gekomm',
wir handeln konsequent, besonn',
zum Schutze uns're Kinder vor
der digitalen Diktatur.

Woll'n hinterrücks ans Kind heran,
um sie leis' einzufang' und dann
sie zu instrumentalisier'n,
zerstör'n woll'n sie das kleine Hirn.

Unnötig darzustell'n, was wird,
wenn unser Volk den Geist verliert,
unwiederbringlich uns entreißt,
unser tausendjähriges Reich.

Das größte Bildungsland der Welt,
digital nach und nach zerfällt,
das wissenschaftliche Wissen,
zwischen Einsen und Null'n zerrissen.

Der Arbeitslosigkeit Potenz,
wird in all ihrer Konsequenz
jede Grenze überschreiten,
endgültig den Ruin einleiten.

Das Wirtschaftswachstum wird still-
steh'n,
Armutsz'ahln durch die Decke geh'n,
Unruh'n nirgends mehr handhabbar,
nie waren wir so verwundbar.

Nein, die Wirtschaft wird brechen, nur
eine Elite, Unkultur,
profitiert von dem Weltenbrand,
reißt uns den Wohlstand aus der Hand.

Und wenn sich ein Asteroid
auf Erdkollisionskurs begibt
oder ein Virus, den's nicht gibt,
über die Balkanrout' einzieht,
kein wissenschaftliches Gebiet
alsbald dann eine Lösung sieht.

Die Erde wär' komplett zerstört,
Leben hätt' einfach aufgehört,
kann's seh'n, auch Ihr seid schwer em-
pört,
versprech', die Stimmen werd'n gehört,
die Tradition Euch Treue schwört,
mein Wort Eure Vernunft betört.

Die Wissenschaft bestätigt mich,
d'rum sehe ich als meine Pflicht
Schafen die Augen zu öffnen,
damit sie wieder klar seh'n könn'.

All das geschieht, weil niemand mehr
entsagt dem digitalen Meer
und nie mehr allein denken wird,
sich in dem dunklen Netz verirrt.

So muss deutlich für jeden sein,
das Klassenzimmer bleibt uns rein,
nicht nur Eins, Null, nicht digital,
die Tafel bleibt der Bildung Gral!

Die Tafel, das Sinnbild des Lichts,
die Kreide weiß, schön'res gibt's nicht,
auch das Geräusch ist Melodie,
Quell' der Bildungsphilosophie.

Die Tafel ist Bildungsessenz,
Motor der Hochintelligenz,
auf das Deutschland bald aufersteht,
erhob'nen Hauptes vorwärts strebt.

Haben jeder Krise getrotzt,
war'n Zerschlager jeden Komplotts,
bauten auf, was uns einstürzte,
machten aus Stürzen das Beste.

Dorthin müssen wir jäh zurück,
ich spüre in mir großes Glück,
doch dies geht mit der Tafel nur,
Kreide als Stamm uns'rer Kultur.

So, wenn wir scheitern, vergesst nie,
komm' wieder und Bilanzen zieh',
werd' sagen, hab es Euch gesagt,
ich warnte Euch vor diesem Tag.

Will, dass Ihr alle Finger rührt,
seid eisern, hart und motiviert,
will, dass man uns allerorts hört
und dass Ihr uns das Feuer schürt;
das Kreidelicht welches uns führt,
die Datenfesseln uns entschnürt.

Den Ministerien dank ich sehr,
standhaft sein 's nicht halsstarrig mehr,
Sie waren, sind und bleiben Herr
der Lag', wissen wo 's Geld kommt her.

Ich dank' für die Aufmerksamkeit,
wir sind zu jedem Kampf bereit,
führ'n jede Schlacht zu jederzeit,
die uns're Tradition' befreit!

Welch' Applaus wird mir g'rad'
geschenkt,
beseelt mich, dass Ihr auch so denkt,
und mir hier diese Ehr' erbringt,
die Rührung mir Tränen abringt.

Ihr wisst, nicht nur beruflich zieh'
ich Fäden, dien ganz der Lobby,
als Leitwerk der Ökonomie
ist Kreide wichtig wie noch nie.

Letzte Worte, erlaubt Ihr sie?
Stoppt die Digitalanarchie,
denn was ich sagt' 's nicht Utopie,
es grüßt die Kreideindustrie.

Gewidmet den Kultusminister*innen für deren unermüdlichen Einsatz für Fortschritt und Innovation an deutschen Schulen.

Evolution

Aufrecht gehen hast Du gelernt,
um and're zu erreichen;
doch hast seitdem argwöhnisch Dich
entfernt von Deinesgleichen.

Willkommenskultur

Flucht I

Jetzt sitzt du hier und weinst und zeterst, zitterst, jammerst, endlos quälst
den anderen, der vor Dir steht und sich dessen belästigt fühlt.
Wie egoistisch, übel ist's von dir, sich boshaft offenbar'nd,
vermagst den Tag zu ruinier'n mir, welcher doch so süß begann.

Glaubst du wirklich seist Sonne, Zentrum, um welches sich alles dreht?
Hör' ich dir zu, wird deutlich mir, wie schlecht's um dein Mitgefühl steht.
Nahmen dich auf, boten dir Heim, sei dankbar und belästige
mich nicht mit der Vergangenheit, 's ermüdend' ewig gestrige.

Ist eure Schuld, allein, wie's euch erging, was ihr erleiden musst',
will nicht vorwerfen mit den Worten, sagten's euch, haben's gewusst.
Hättet Anstrengung ihr gezeigt, euch nicht fortwährend ausgeruht,
hätte der Herr auch euch belohnt, mit Gaben, Reichtum, Hab und Gut.

Die Welt aus der du kamst war freilich, sicher hart und ungerecht,
doch freu' dich, bist jetzt hier bei mir, dank mir geht's dir gut, nicht mehr schlecht.
Auch hier lebt man hoch droben, nicht auf Bäumen, wie ihr es vorzieht,
zivilisiert sind wir allein, die Welt untertän'g vor mir liegt.

Wer brachte euch den Wert der Schöpfung, brachte euch den Lebenssinn,
sind so selbstlos, euch errettend, doch bist du undankbar, ein Kind.
Anstatt Knechtschafts gerecht werdend' Demut hör ich nur unentwegt,
dein unrechtmäßig' Klagen, wehend weibisch, was mich schwer erregt.

Weder Dankbarkeit, Opfersinn, noch Ergebung dein Handeln prägt,
willst Anerkennung, sei zuvorderst jener, der das Alte pflegt.
Vergiss gar niemals, welcher Platz dir im Weltgefüg' zugedacht,
kannst du dich nicht unterordnen, wirst du recht schnell zurück verbracht.

Genug nun, unglaublich ist's mir, dass ich mich hier rechtfert'gen muss,
belästigst mich mit deiner Klag, verklärst, verkomm'ner Hasenfuß.
Ich weiß dich deuten, durchschaue dich, nie richtiger ich jemals lag,
so schweig jetzt still, Elender du, versaust mir noch den ganzen Tag.

Flucht II

Bin dankbar, unterwerfe mich, auch Eurer Überheblichkeit,
jedoch nur einer von uns beiden zur Annäh'rung ist bereit;
ist fähig zur Besonnenheit, Zurückhaltung, Nach- und Weitsicht,
nur einer, bereits sagte ich's, bloß bist Du dieser sicher nicht.

Du lässt nichts and'res zu, Dein ist das Reich, so herrlich zu benenn',
Dein Handeln und Dein Denken als edelmütig anzuerkenn'.
Das Andere ist übel nur, als Richter handelst' ja gerecht,
und friedensbringend, menschheitsdienend jed's begonnene Gefecht.

Streitet nicht als Gemeinschaft, seht im Anderen nur den Vielfraß,
der Ihr so sehr seid, habsuchtgiftgallespeiend ist Euer Hass.
Macht, Konkurrenz, Wettkampf, Hierarchie, grenzenlos der Herrschaftswahn,
ist Wesen Eurer Haltung, Aug' um Aug' und ewig Zahn um Zahn.

Scharfmacher und Scharfrichter bist', edelgewandte Furie,
hast um Dich geschart jene, deinen Zorn lindernde Harpyie.
Zeusgleich fühlst' Dich, Herrscher der Welt und Herrscher auch des Tartaros,
zu strafen allein Dir obliegt, Dein Urteil gänzlich fehlerlos.

Ich wünscht', als Freunde, Brüder könnten wir gestalten uns're Welt,
doch ist und war es immer nur ein Traum, an Habgiers Fels zerschellt.
Kein Klatschen mehr, habt's nicht verdient, Beifall Euren Verfall antreibt,
wollt nie voran, seid nie gedie'n, wollt das, was ist, erhalten bleibt.

Erkenne in Euch den Barbaren, selbstgefällig überdies,
jener, welcher Spur'n auf all'n gegangenen Wegen hinterließ.
Gar übermenschlich, wie Ihr Euch selbst als Auslese überhöht,
doch Euer Schaffen 's wüstengleich, dem Menschen lebensfeindlich, öd.

Ein Raubtier wie kein Raubtier wüten könnt, Zyklon im eig'nen Reich,
Ausbeuter allen, was Euch in die Quer' kommt, weltuntergangsgleich.
So dient Euch Geld und Geltung gänzlich nur dem allumfassend' Zweck,
würd'los das Gesicht offenbar'nd, darbieten des Torturbesteck'.

Wenn Ihr nicht seit Gedenken reißt an Euch, was Euch nie hat gehört,
verbranntes Land hinterlasst, Euch zum Ruhm fremde Welten zerstört,
wär' ich nicht hier und Dich würd' nicht erregen, was Dich so erregt,
so denkt bitte nur einmal nach, bevor ihr brüll'nd Klage erhebt.

„Den Zynismus in seinem Lauf, halten weder Ochs noch Esel auf."

frei nach Erich Honecker

---

fraktionelles I

März im Merz

Der Friederich, der Friederich, der ist so richtig ~~wi-~~liederlich.

Im dritten Reich, Monat mein' ich,
dem Kriegsgott Mars ebenbürtig,
betritt der Mers das Rampenlicht,
frohlockt und hüpft durch 's
Dichtdickicht.

Und wie er durch die Landschaft trollt,
den Künsten dienen stets er wollt,
war ihm doch Talent nie recht hold,
sah in ihm höchstens Katzengold.

Ein schmier'ger Gnom, Benimm bizarr,
wie Goebbels einst der Baarová,
kam ihm die Muse nicht zu nah,
floh in die Wutpropaganda.

Doch auch dort wies die Muse ihn
nur hart ab, weil doch, unverzieh'n,
des Wortes Kunst ihm nie verlieh'n,
war als Parteikasper verschrie'n.

So hat er sich und all'n geschwor'n,
der Kasper, der steht bald ganz vorn',
denn war er ja stets auserkor'n,
zu führ'n, nicht nur als Nebelhorn.

Doch ganz egal, was er auch tat,
eher mäßig war der Ertrag,
auch niemals stellt' er sich die Frag',
ob es vielleicht doch an ihm lag.

So bracht' politisch nichts Erfolg,
das Fietschen in der Ecke schmollt',
der tausendste Versuch dann sollt'
ihn küren, weil kein and'rer wollt'.

Nun endlich konnte er sodann
folgen seinem perfiden Plan;
es allen heimzahlend ersann
er weltfremdes Parteiprogramm.

Denn er war wie der Führer Wolf,
im Merzfell steckt ihm ein Adolf,
nachts auf der Ahnentafel rollt
der Fingertraum vom Herrenvolk.

Das Maulheldchen nimmt gezielt Maß,
imitiert politische Stars,
wie Söder, Aiwanger und Maaß-
en tkommt er nicht dem Trugerlass.

Die Brandmauer, wer's hören will,
des Merzens Erfolgsrecht Unbill,
hält noch Stand, ist jedoch nicht Stil
seines machtdrängend' Code-Civil.

So nimmt er doch gern alles an,
wovon er profitieren kann,
dabei kennt er gar keine Scham,
denn nur Erfolg formt einen Mann.

D'rum alle raus, keiner bleibt mir
In meinem Lande länger hier,
denn kein Volk ist so groß wie wir,
drum ist hier Leben Ehrenzier.

Die muss man sich schon hart verdien',
die Ehre wird nur schwer verlieh'n,
Selbstaufgabe und niederknie'n,
vorm deutschen Leitkulturtoxin.

Denn nur, wer würdig sich erweist,
durch Unterwurf, Leistung und Fleiß,
und unentwegt schmeichelnd lobpreist,
wird Teil des heil'gen Deutschen Reichs.

Ja, wenn man sich zwar männlich nennt,
der and're 's jedoch nicht erkennt,
wird rechte Härte vehement
als Männlichkeitsattribut gestemmt.

Die Todesstrafe schon ab zehn,
das Grundgesetz, das wird schon schön
dem Volk am Gesäß vorbeigeh'n,
das kommt an, werdet es schon seh'n.

Denn 's Recht, als der Politik Knecht,
sollt' dieser folgen, einfach, schlicht
und nicht die Politik dem Recht,
wer ist denn hier Fischer, wer Hecht?

„Ist nicht von mir?, von wem denn
sonst?"
„Allein denken Du nie recht konnt'st."
„Der Pick'l!", „Kickl", „warum schonst
Du mich nicht, indem Du's betonst?

Der Öst'rreicher ist und voraus,
das reißt der Markus auch nicht raus,
er ist zwar völlig aus dem Haus,
dennoch reicht das noch nicht ganz aus."

Und während Merz, extrem erhitzt,
die Masse arg geifernd vollschwitzt,
benässt Söder stromgleich den Sitz,
empfängnisbereit längst er ist.

So wisst genau, was bald passiert,
das Merzchen, ganz überblasiert,
hat die Mauer nach rechts kassiert
und sich als Retter inszeniert.

Dabei, ganz in der Tradition
des Zentrums, Weimarer Union,
wird der Untergang Mission,
rechtsnationaler Position.

Denn so, so wird dies bald gescheh'n,
die Brandmauer wird untergeh'n,
wie damals wird ganz aus Verseh'n,
ein neuer Führer aufersteh'n.

Dieser von Gott's Gnaden sich weiß,
dessen Geist nur um sich selbst kreist,
reicht ihm als gesandten Beweis,
kaum Einsatz, dennoch hoch der Preis.

Was Mars der Stier, Merz Ochse ist,
Symbol Mannespotenz, d'rum misst
man Haltung ausschließlich, gewiss,
an Zustimmung, wie stets der Fritz.

So tollt 's Rumpelfietchen beglückt,
nach Macht und auch sich selbst verrückt,
mit Eigensucht recht gut bestückt,
durch die Fraktion, von sich entzückt.

Beim Anblick wandt' man sich schnell ab,
nicht nur der Geist, der Hintern glatt
rasiert, sprang's durch die Reihen nackt,
zwar fand schon viel, doch nichts so statt.

Bloß, jede Feier endet auch,
ist Alkohol als deutsch'ster Brauch,
geboten wie der Kirch' Weihrauch,
letztendlich gänzlich aufgebraucht.

Zuvor sei jedoch überlegt,
wohin man sich zur Ruhe legt,
der Fritze, sichtlich hocherregt,
wurd' von der Haupstraß' aufgefegt.

Man fragt folglich zu Recht, versteht
nicht, warum's denn so weiter geht,
fraglich, ob Merz sich so erhebt,
zum Fliegenschiss, der ihm zusteht.

Es wurd' des Marses Straßenkult,
nein, Merz diesmal, Geduld, Geduld,
dem Heimatland der Bomberpulk,
und dies' bloßstellender Insult.

So endet alsbald die Geschicht',
die Demokratie fällt, zerbricht,
es bleibt nur eine letzte Pflicht,
schalt aus der Freiheit letztes Licht.

Und wenn man sich dann leise fragt,
wer bracht' der Menschlichkeit Verrat,
dann horcht genau und seid hellwach,
der Merz, er war's, im März der Macht.

.

Trug

O heil'ges Reich, ich bitte Dich,
halt inne kurz, zieh' einen Strich
und bitt' Bilanz, würd' Dank verspür'n,
könntest Du selbstlos resümier'n.

Eine Frage hält mich stets wach,
hast Du je den Schwachen gedacht,
oder gabst' Dich den Mächt'gen hin,
der Macht, Politiks einz'ger Sinn?

Machtsnimmersatt frisst Du und frisst,
Dir Volkes Ohnmacht stets gewiss,
kleidest Dich täuschend ins Gewand
der Güt', von allen unerkannt.

Deutschland, kannst' ins Gesicht Dir
schau'n,
ob Schuld, Unredlichkeit Dir trauen,
und auf dem Selbstrechtpodest steh'n,
Dir zugunsten Seh'ndes verdreh'n;

als Nachweis der Unfehlbarkeit
und Nachtrag der Entschlossenheit
konnt'st Dir all', was Du tat'st verzeih'n,
Dir stolz selbst das Großkreuz verleih'n?

So hast Du blendend, konsequent
geprahlt, verkauft, recht eloquent,
um Hilf' Bettelnde abgestellt,
wo's keinen kümmert, wie's gefällt.

Klagst Menschenrechtsverletzung an,
entsagst dem Weltdämon Tyrann,
im Schild' jedoch wirst ihn hofier'n,
um seine Gunst nicht zu verlier'n.

Jahrzehntelanger Arbeitslohn,
der Wahrheit einzig Spott und Hohn,
skrupellos Tätersprache wählst,
nach Stimmen gierend schamlos hehlst.

Scheinbar hatt'st Du nur stets im Sinn
Gott's Gnad' und irdischen Gewinn,
gibst in erschreckend dunkler Zeit,
Anstand und Würd' Stimmgierens preis.

Dankbarkeit

Ich baue da etwas für Dich,
selbstlos' der Dienst, bewährt nützlich,
denn was ich bau' ist ein Gedicht,
so nimm es, hinterfrag' es nicht.

Was ich Dir bau' ist Dein allein,
halt inne, es soll nur Dein sein,
für mich ist 's nicht, es soll Dich schützen,
soll ganz alleine Dir nur nützen.

Doch frag' ich, erinnerst Du Dich,
das was ich baut' war nie für mich,
man würdigt dies, jedoch stattdessen,
hast Du vielleicht g'rad das vergessen?

Ich bau' immer alles für Dich,
ich glaub', drum hinterfrag' ich nicht,
ob's wirklich Deinem Wohle nutzt,
doch ein's mein Wertgefühl beschmutzt,
dass Du Dich nicht dankbar erweist;
ich lehr Dich, was Dankbarkeit heißt!

Bei uns im schönen Räckelwitz
Der Maximil, der Maximil ist ganz besonders ~~zoophi~~ naziphil.

Es war einmal vor g'rader Zeit, da ward ein Lurch gebor'n,
als Froschkönig sah er sich, doch flog's ihm bald um die Ohren.
Der Tümpel, in dem er einst schlüpft', war ihm ein Weltenmeer,
sah man durch Adlers Aug', war er pfützgroß nur ungefähr.

Die Hybris hielt denn stand, als der Lurch wurde zum Krahfrosch,
Mama wollt's ihm austreiben, so sie dauernd ihn verdrosch.
Jedoch traf sie dabei wohl auch vermehrt des Sohnes Haupt,
was sich immens auswirkte auf das, wie er denkt und glaubt.

Beschämend ist das Resultat, wenn der Frosch nach Beachtung kraht.

„Ganz der Papa, doch immerhin hält's dieser zeitgemäß,
er kraht nicht nur wie Du, trägt seine Brut auch am Gesäß.
Auch übernimmt er regelmäßig des Heim's Frühjahrsputz,
d'rum steht er und die Spezies zurecht unter Artenschutz."

Was muss der Lurchmagnat da aus der Mutter Mund verneh'm,
als Führer, selbsternannt, wird er sich nicht dazu bequem'.
Weder das Putzen, doch vor allem kommt niemals in Frag',
„dass ich, des Weib's Aufgabe, die Zucht auf dem Rücken trag!".

Beschämend ist das Resultat, wenn der Frosch nach Beachtung kraht.

Wie steinig war der Weg zum Ruhm vom Anbeginn der Zeit,
als Kaulquappe schon stand er für die Aufgabe bereit,
jedoch als *Alytes* wurd' er von all'n Ali genannt,
wie hätt' man denn so führen können dieses Tümpelland?

„Ein Name Mutter, mach schon, mit Wiedererkennungswert,
ein Symbol meiner Größe als mein Tümpelkönigsschwert!",
„hab keine Zeit, frag Vati, schließlich bist Du nicht allein",
„bei Deiner Größe, Ali, kann es Maxi ja nur sein".

Beschämend ist das Resultat, wenn der Frosch nach Beachtung kraht.

„Maxi der Erste will nur spiel'n", so lachten sie ihn aus,
g'rad' Spätlaicher aus Süd, Südost waren Maxi ein Graus.
So agitierte er schon früh gegen den fremden Feind,
der als amphibischer Makel alles Übel vereint.
„Ich geb' nichts ab, schon gar nicht dem, hier gehört alles mir,
es steht mir zu, alleine mir, nichts bekommt dieses Tier!
Wirst seh'n, Mutter, ich mach aus diesem Teich hier einen See,
auch wirst Du seh'n, ja, wie weit ich für mein Großreich vergeh'."

Beschämend ist das Resultat, wenn der Frosch nach Beachtung kraht.

Schon bald wahnt's ihm nach Föd'ration und dem rotgelben Stern,
ein Paradies, ja ganz im Sinn des alten weißen Herrn.
Wo Frauen sind, wie sie halt sind, bestimmt nicht hochbegabt,
und sich der Mann ganz handgreiflich an deren Körpern labt.

„Wo 's Weibe ist verwiesen auf den Platz, der ihr zusteht,
Gerechtigkeit allein in verbot'nen Märchen belegt,
wo Mann ist Jäger, Frau ist Magd und Mutter, wie's sein müsst'",
„vielleicht kommt dereinst die Prinzessin, die ihn doch freiküsst".

Beschämend ist das Resultat, kraht erbärmlich der Phallokrat.

„O Holde, wie sehr schätze ich nur Deine liebe Sicht,
das Gute, das Du auch dort siehst, wo es vor Dir zerbricht,
doch ganz egal, wer ihn küsst oder wie, der wird nie Prinz,
hat doch so viel weniger Charisma als Kunz und Hinz."

„Schweigt still, Gesindel, Unterfrosch, langst an mich nie heran",
„ist gut mein Sohn, weiß schon, denn Du bist der Archetyp Mann,
trägst aber der Tugend nur Glaube, and'res leider nicht",
„na warte, Rache, ich bin Dein, der Welt letztes Gericht!"

Beschämend ist das Resultat, wenn der Frosch nach Beachtung kraht.

Der Blick wieder gen Osten, kraht zwei Tümpelherrn hint'her,
ersinnt im Traum, was er täte, wenn er wie diese wär'.
Es schäumt der Geifer, wellend, ihm über sein Doppelkinn,
würd' wüten, ja, bis alle Fremdlurche ausgemärzt sind.

Rutschend auf dem eigenen Sekret nahm er Kontakt auf,
doch war er leider nicht sehr hell und überheblich auch,
verriet Stätten des Überwinterns in der Kältestarr',
so dass für viele, dann im Winter, kein Platz mehr da war.

Beschämend ist das Resultat, wenn der Frosch selbstgierig verkraht.

Besetzt aus taktischem Kalkül, nicht weil diese gebraucht,
Osttümpler zeigen sich dankbar, der Frosch sich als Durchlaucht.
In seiner Höhle frisst er heimlich den Verräterlohn,
während er seine Opfer demütigt als Steigstation.

Und g'rad', als er vor Selbstüberschätzung kaum gehen kann,
das Doppelkinn gestreckt, stolzier'nd selbstsüchtig, arrogant,
er plötzlich den Boden unter seinen Füßen verliert,
vom Widerstand, stark und vereint, wird Krah nun aussortiert.

Ach dankbar sollt' sein, der laut kraht, wird er nicht im Morast verscharrt.

Nun ganz allein, in fremdem Land, kraht der Froschkönig leis voran,
fürchtet sich, blickt sich ängstlich um, weiß einfach nicht, wie und wo lang.
„Wo ist mein Mahl, mein Unterschlupf, das Weib, das mir dies bereitet,
wo ist mein Pöbel, mein Gesindel, Volk, das mich hier anleitet?

Wo ist mein Recht auf Schutz und Würd', wer gewährt mir endlich Asyl,
mein Lebensstandard fordert Stil, das alles hier ist mir zu viel!"
Doch sprach sich Krahs Wesen herum, Einlass wurd' überall verwehrt,
als Wegelag'rer wurd' er so vom Osttümpelherrscher verzehrt.

Ach schmählich ist das Resultat, heilt der Lurch, was aus Ostern naht,
einen irren Amphibiopath, der stets schon gern' Lurche zertrat.

Ein Vermächtnis, Denkmal der Schand', die Erinn'rung, wenig verbleibt,
denn wird hier der Kalfaktor nicht in Frosches Stammbaum eingereiht.
Der Frosch symbolisiert das Gute, Krah ist nur an Übeln reich,
hat so nichts mit dem Frosch gemein, der Kopf jedoch ist beiden gleich.

Wenn der Frosch kraht, gebt acht, Verrat, und dies nicht nur an seiner Art,
ein Lurch, der so nach Krahs Ar t kraht, hat Würde akkurat verschar rt.

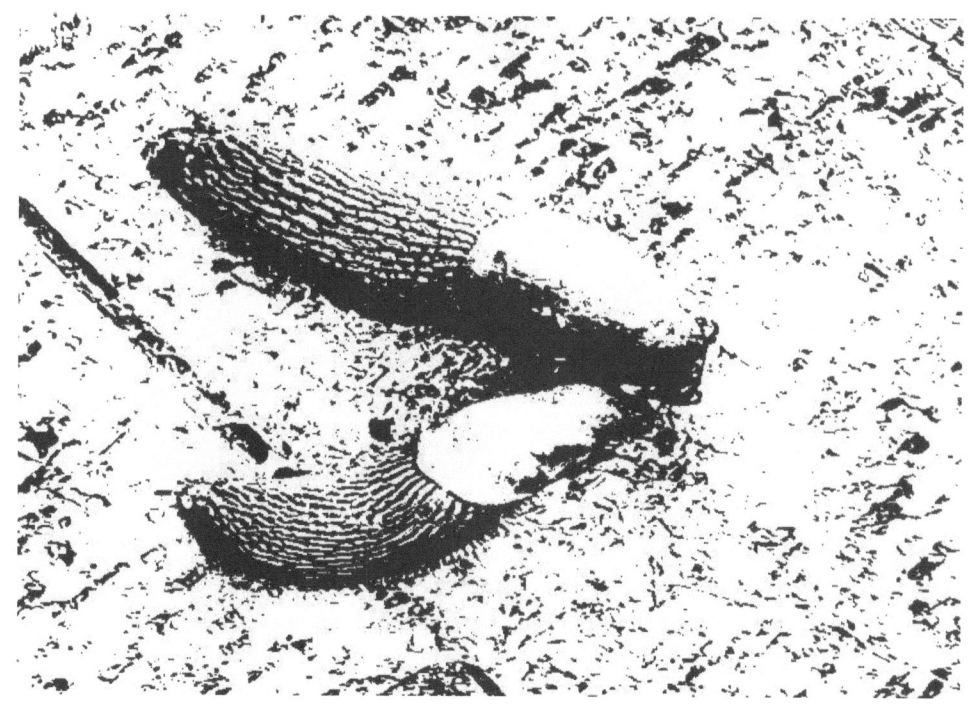

3. Luxuria

Ich nehme, was zu nehmen ist, nicht wollüstig, denn ganz gewiss,
Symbol Soutan' ist Allablass, bin Gott's Erdendiener, so dass
meine Lust Gottes Werk darstellt, würde nie tun, was Gott missfällt,
d'rum wär' nicht meine Seel' befreit, ständ' mir der Jüngling nicht bereit.

Der wahren Sehnsucht wegen

Steht überpünktlich vor der Tür,
der wahren Sehnsucht wegen,
bringt mit unsicherem Gespür,
sein Werben ihr entgegen.

So attraktiv, ja edel gar,
groß, anmutig, doch kalt,
sitzt perfekt jedes einzelnd' Haar,
unzähmbare Gestalt.

Lieb' Sehnsucht treibt ein Liebesspiel,
Verlangen Widerhall;
nie der Wollust je mehr verfiel,
Verstand im freien Fall.

Der Begierde lieblicher Schmerz
hat niemals so berührt,
lässt stillsteh'n das rasende Herz,
die Kling' präzis geführt.

Die Augen, Lichterglanzeblau,
grauenerstarrt der Blick,
schwindend' Bewusstsein sieht genau,
jenseitig großes Glück.

Die Ohnmacht folgt dem letzten Stoß,
Leidruf aus letzter Kraft,
der Leib lässt Blut und Seele los,
schlussendlich ist's vollbracht

Ein Kunstwerk voller Herrlichkeit,
ein Kunstwerk, unerreicht,
ein Gemälde am Boden liegt,
sich vor sich selbst verneigt.

Das Harmonie begleitend' Stück,
des Lebens letzter Schrei,
ästhetisch wie Klaviermusik
bittet den Tod herbei.

Ein Künstler, der den Künsten dient,
Streben nach Perfektion,
ein Schüler, der den Meister mimt;
Vollendung nur Vision.

So muss er sein, der letzte Schritt,
der Vollendung entgegen,
sie muss ihn tun, den letzten Schnitt,
der wahren Sehnsucht wegen.

O Sonne

Die Sonne, sie geht auf durch Dich,
nach Untergang das Licht erlischt,
doch weiß, dass sie aufgehen wird,
und tagesneu die Hoffnung birgt.

Trotz Schatten weiß mein bebend' Herz,
dieser verschwindet wie mein Schmerz,
ist Sinnbild jenes Gegenspiel',
welch' uns erklingt und stets gefiel.

Hoff' Dunkelheit mut'g zu durchstehen,
weiß ich doch, Du wirst auferstehen
und dann im hellsten Lichte strahl'n,
jene strafen, die Dich mir stahl'n.

Jedoch, wenn sie dann hereinbricht,
erfleh' ich just Dein Licht für mich,
oft hall'n die Worte leer im Raum,
künd'gen an meinen Dunkeltraum.

Ich ruf' ins All, die Herrlichkeit,
bet' jene an, die mich befreit,
ja, sei mein Schatten, sei mein Licht,
sei Sonne, die den Nachtfluch bricht!

Nun warte ich voll' Sehnsucht, wach,
auf Tagsaufgang, Ende der Nacht,
doch seh', 's Dunkel Gewissheit birgt,
die Nacht vorerst nicht enden wird!

Bin aufgebracht, ein wenig nur,
umschwärm' Dich, doch Du bleibst mir
stur,
spiel auf den romantischen Mann,
jetzt lass mich bitte endlich ran.

Pflichtbewusst

So lag ich da, vor mir das Grollen,
die Lippe blutig, arg geschwollen,
sollt' sie doch bloß Respekt mir zollen,
doch dies, dies schien sie nicht zu wollen.

Mocht' Beischlaf nur, war Ehemann,
seit Wochen fleh ich sie schon an,
die Lust hielt mich so sehr in Bann,
doch sie verwehrt', ich fragt' nur wann.

Wollt' erneut ihrer Pflicht erinnern,
dann kam der erste Schlag, ein Flimmern,
mein Begehren würd' sie nicht kümmern,
Drängen sollt' meinen Stand verschlim-
mern.

Doch war die Ford'rung liebvoll'
Schmuck,
nun gut, vielleicht mit Tonnachdruck,
bat vielleicht sie um einen Ruck,
die Antwort kam als bitt'rer Schluck.
Dem Wortzorn folgte Schlag auf Schlag,
erst Stern, dann Schmerz einzig' Ertrag,
war überrascht, denn sie verbarg
was offensichtlich in ihr lag.

Schlug auf mich ein, technisch famos,
traf Leber, Niere, auch den Schoß,
gelähmt, von Sinnen kroch ich bloß
noch auf sie zu, zehnagelgroß.

So stand sie vor mir, voller Hohn,
grinste mich an und ohne Ton,
wurd' klar, wer hier zahlt wessen Lohn,
verfluchte Emanzipation.

Alternativen

Ein Huhn, es watschelt unbedacht
durch Bauers Garten, wär' gelacht,
könnt es dem Bauern jäh entkommen,
so hat er es fix weggenommen,
von all den Blicken fortgebracht,
hinab über den Kellerschacht.

Jetzt eins, zwei, drei, hoch aufs Gestell,
das Licht dimmen, sonst ist's zu hell,
wird festgezurrt das Federvieh,
zweckvoll erdacht ist das Chassis,
längst ahnend, was ihm vorbesteht,
hofft's, dass es schnell vorübergeht.

Nun ist's soweit, schnell, schnell hinein,
den humanen Fremdkörper, klein,
doch gierend' Stängel ins Gefecht,
verloren längst das Federnrecht,
denn dieses nie hatt' Lobby, gar
nie Fürwort oder Hilf' war da.

So ist's verdammt, wehrlos nimmt's hin,
das Federvieh, für dies bestimmt,
im schlimmsten Fall der Ofen war,
doch wird dem Huhn gerade klar,
es kann auch stets schlimmer ausgeh'n,
wird die Kloak' mit Öl verseh'n.

Da hat die Alte nicht gewollt,
Tochter beim Nachbarn, viel zu hold,
rechnungsbegleichend tritt sie ein,
denn Tradition, sie kennt kein Nein,
Spielschuld ist nun mal Ehrenschuld,
familiärer Märtyrerkult.

Was soll's, es ist halt keine da,
zu frönen Papas Prostata,
so muss das Huhn nun aufs Gestell,
Beeilung, gehen sollt' es schnell,
denn sonst vergeht vielleicht die Lust,
statt Muttis gibt's halt Hühnchens Brust.

Ein-, zweimal, dreimal, dann wird 's
warm
in Huhns nun prall gefülltem Darm,
begleitet durch den Siegesschrei
Papas, endlich ist es vorbei,
es bet' zum Himmel auf, warum,
als die Kloak' entlässt den Dung.

Nicht Gnad', nur Zwischenhöll' Podest,
missbraucht, geschändet, hängend fest;
Papa schnaufend darniederliegt,
nach seiner Schlacht, ein Held obsiegt,
seither des Huhn's letzter Ansporn,
ist nurmehr Korn in flüss'ger Form.

Der Weihnachtsbaum

Der Weihnachtsbaum, er steht schon
längst,
auch wenn's der Frau ist viel zu früh,
warum nur gedenkt er nicht ihr,
widmet Zurückhaltung nie Müh?

Der Weihnachtsbaum steigt steil empor,
der Schmuck muss schnell noch ans Ge-
äst,
der Widerstand ist fehl am Platz,
man ihm doch Ehr' zukommen lässt.

Der Weihnachtsbaum glänzt feucht und
schwer,
ihm giert's sehr nach Aufmerksamkeit,
zum Erleuchten in ganzer Pracht,
ist er schon tagelang bereit.

Dann heil'ger Abend, Lichterfest,
es klingt die Liebesmelodie,
doch niemand bläst die Kerzen aus,
unbeachtet erlöschen sie.

Am zweiten und auch dritten Tag
erstrahlt der Baum fast mitleidig,
wird kaum eines Blick's gewürdigt,
„warum beachtest Du mich nicht?".

Und nach dem Fest ist er erschlafft,
die Reste perlen ab von ihm,
das selbe Elend Jahr für Jahr,
lässt das Fest trist vorüberzieh'n.

Nadelnd riecht er bald ranzigfaul,
so muss er gar schnell aus dem Haus,
die Frau, mit Überzeugungskraft,
schickt den Baum in die Nacht hinaus.

Ganz allein steht er, schwer befleckt,
arg frierend, armer Festtagsrest,
so muss er in die Kneipe geh'n,
stößt an auf's nächste Weihnachtsfest .

Anthropocene Fail Desaster I

I.   Der Anfang

'S ist Wahlkampf, ein Konzept muss her, Kampagne, Paukenschlag, eins mehr,
ein Zeichen für die Ewigkeit, auf Zelluloid, Symbol Zeitgeist.
Aber leicht gesagt, schwer getan, vor allem mit nur vagem Plan,
wie in den Köpfen der Partei, die Haltung elend, der Geist frei.

Doch radikal ist immer gut, Max Froschkopf[1] will ein Volk in Wut,
da ist ihm jedes Mittel recht, und ein Vorschlag ist auch nicht schlecht.
Ein Film, ein Werbespot, Fanal, ein Leuchtfeuer der Macht, sakral,
ein Novum der besond'ren Art, der Auftrag hart, die Seelen zart.

So sprach es zu sich still sehr selbst:

„Verflucht, die Riefenstahl ist ja leider schon lange nicht mehr da,
hielt' sie die Fäden in der Hand, erstürmten wir Stadt, Flur und Land
im Nu, mit Bildern, wie gemalt. Ein and'rer Künstler nun erstrahlt,
mit einer, wie sag' ich es jetzt, Idee, die Konvention' verlässt.
Ich bin nicht sicher, ob vielleicht das erste Drama hier, jetzt gleich,
noch vor der ersten Klappe gehrt, ich b'reit sie vor, ist nie verkehrt."

… und so

„Schön, dass Ihr alle Zeit gefunden, werd' Euch nun uns'ren Plan verkünden,
der uns'ren Film zum Schlager macht, frech, frei, vom Regisseur erdacht.
Doch zuvor gilt das Wort jenem, der die Idee wird verfilmen,
ein dreifaches Sieg… besser nicht, komm her und zeig Dich, tritt ins Licht!"

„Ja Freund*innen; wie, was meint Ihr, das Gendern, das bestraft Ihr hier,
wer's wagt, wird eigentlich ertränkt, im besten Fall' nur aufgehängt?
Vergebt mir, kommt nie wieder vor, Dank, dass ich Vergebung erfuhr,
und nun, brave Kameraden, möcht' ich Euch herzlich einladen,
ein neues Zeitalter bricht an, die Frage ist nun nicht mehr wann!

Denn wann, das ist heute, hier, jetzt, der Mainstream hat sich schwer verschätzt,
hat er geglaubt, dass es das war, mit dem Anstieg auf der Skala.
Heute wird Geschichte gemacht, denn groß ist der, der zuletzt lacht,
und heute lachen wir zuletzt, heut' werden Maßstäbe gesetzt."

II.   Die Identität

„Bevor ich nun ins Detail geh', brauchen wir für das **A F D**
eine ganz neue Aufschlüss'lung des Akronyms, ich bitte drum.
Bitte? Ihr wisst nicht was ich mein'? Wie krieg' ich's in die Köpfe rein?
Nun gut, die Partei-Buchstab'n, soll'n gänzlich neuen Sinn erfahr'n.

A F und D wird neu besetzt, Identifikation vernetzt,
am Beispiel CSU wär's wohl – machen wir's 'n bisschen frivol –
Charakterlos, **S**chmutz'ger **U**nart, wie Ihr's ja auch schon immer wart,
versteht Ihr, wie es ist gemeint? Sehr gut, ist wohl so, wie es scheint."

„Wie wär's denn mit Arisch und Fromm und das D dann als Deutschnationtum?"
„Pinsl[2], das Wort, das gibt es nicht." „Arisch? Sicher, sag's doch ständig."
„Mein Gott, schön dass wir uns versteh'n, lassen wir's einfach mal so steh'n.
Hat sonst noch jemand 'nen Beitrag? Bin auch selbst schuld, dass ich das frag'."

III.   Die Idee

„Vielleicht, das lockert immer auf, zieht Ihr schonmal die Kleidung aus,
entspannt Euch, glaubt mir, das wird toll, das Ergebnis wird wundervoll.
Das Thema? Ach so, ja, na klar, das ist ganz und gar wunderbar,
innovativ, noch niemals hat man je solchen Mut aufgebracht.

Werden dem Altparteien-Pack den Sündenspiegel, glatt und matt,
mit ungeschönter Direktheit vorhalten, dass ein jeder schreit.
Ein mancher vor Empörung, ja, doch allen wird ganz sicher klar,
wofür sie steht, die AFD, symbolisiert als Porno-Dreh.

Jedoch feingeit'g, nicht einfach so, dem deutschen Volk ein Holdrio,
mit Dicht- und Deckkunst, Ohr und Aug', ein Freudenfest, ein Sinnesrausch.
Mit Goethe, Schiller, Rilke, Brecht, ach nein, der nicht, ist eher schlecht,
und gar mit Heine und Kalkül, gilt nur Pinsls[2] Selbstwertgefühl.

So nach der ersten Annäh'rung und zu vernehm'nder Erregung,
wird' klar, die Lösung stand bereit und vor Augen die ganze Zeit.
Denn nun, nun steht für alle fest, ein parteiliches Manifest,
erwache Volk, sieh' und versteh: ja **Alles Fickt Die AFD!**

IV.   Der Akt
            Und wer hätte das bloß gedacht, ein jeder hat nun mitgemacht,
            auch gab's nur wenig Gegenwehr, wurd' noch so bizarr der Verkehr:

So nach und nach man sich befreit, auch Hilfsmittel stehen bereit,
erfreut sich am Experiment, der Bernd[3] bald völlig ungehemmt,
während der Prostatadressur, spürt er Schubsis[4] Darmsignatur
und stoppt die Kraulerei im Nu: „Was du? Gehörst nicht mehr dazu!".

„Das mach ich nicht!" die Macki[5] nackt dem Pinsl[2] ans Gehängchen packt
und schließt schnell mit der and'ren Hand entsetzt des Mastdarms Endeingang.
Doch Aas-Alex[6], vor Viagra, des Schießens und Herzinfarkts nah,
braucht sofort die helfende Hand, ein Storch[7] dreht schnell 's Gesäß zur Wand.

„Was glaubst Du, hässliches Gerippe, trocken ist dir nicht nur die Lippe",
„spielt sich da gerad' das Aas[6] auf? Dein Fäulnisgrad hat Überlauf!
Es droht, wenn er sich drinnen hält, die Gefahr, dass der dort abfällt";
„bevor ich dich Flugfürst begatt', geb' ich dem Klimawandel statt".

So nimmt das Drama seinen Lauf:

Ein vergleichsweise junges Küken[8], muss gleich die ganz' Bagage beglücken,
doch das Geschrei und das Gesicht, ist werbewirksam eher nicht.
„Schmerzerfüllt und Grimassen zieh'nd, kann er so nicht dem Zwecke dien'",
„dann schneid' raus Gesicht und den Ton!" ruft Aas-Alex[6] „ich komm' jetzt schon!".

Die Hartgeldfee[8] fühlt sich benutzt, missbraucht, gedemütigt, beschmutzt,
doch zum Trauern bleibt keine Zeit, der Rest der Fraktion steht bereit
und fordert Einsatz, ungalant, für Partei, Volk und Vaterland,
denn als Diener der Herr'npartei, wird man 's Leben lang nicht mehr frei.

Derweil hat glatt BB-88[9] den Bernd[3] befehl'nd dazu gebracht,
Röckchenblinzlers[10] Wunsch zu erfüll'n, ihm seine Füße zu enthüll'n.
„Nur den Kuss bitte; aber was ist da am Fuß so furchtbar nass?
Eitergeschwür? Na immerhin ist der Fußpilz noch nicht so schlimm."

V.   Die Lyrik

Es scheint doch glatt dem Regisseur das Ruder aus der Hand zu gleiten,
bittet mit Nachdruck nun daher, das Dichtgut schließlich vorzub'reiten:

„Das ist nicht Heine, auch nicht fast! Bei dem Geist gar der Storch[7] verblasst?
Und Heine ganz sicher nie war, in 'nem Puff in Barcelona.
Er war auch nicht in der Reichswehr, wo hast Du so etwas nur her,
und Pinsl[2], er schrieb garantiert nie *Fahne hoch, SA marschiert!"*

„Heureka! Was 'ne geile Show!" wohl wissend, Goethe schrieb's nicht so,
„hat's nur sich selbst gemacht, der Storch[7]", „halt's Schandmaul Schubsi[4] und gehorch!".
Währ'nd er kopfüber eingespannt, BB-88[9] 's Schamhaar abflammt,
worauf mit zahnbegleitend' Kuss beißend gezwickt wird Nuss für Nuss.

„Lass Dich von mir etwas verwöhn'", doch Wachs im Auge ist nicht schön,
das Aushärten gefällt auch nicht, besonders, wenn die Masse bricht.
Ein Glück, Ablenkung heilt herbei, in Form des nächsten Schmerzensschrei',
ein Fähnlein, unsanft eingeführt, bewirkt, dass man sonst nichts mehr spürt.

„Nicht umdreh'n, sonst läuft alles raus; wird alles gut Schubsi[4], halt aus",
„hab' ich zu viel Liebe gegeben? Besitz' von Ihr zu viel g'rad eben".
„Rilke? Das ist doch wohl 'n Scherz?", „Delirium, spür' nur den Schmerz,
es verschlägt mir auch gleich die Sprach.'", „schon recht Schubsi[4], und jetzt sei brav".

Und während kopfschüttelnd geplagt, der Regisseur hört was gesagt,
an and'rer Stell' improvisiert, ist's Eingreifen vorprogrammiert:

„Bernd[3]", „Björn[3]!", „von mir aus auch Detlef[3], Gedichtsrevisionisten-Treff,
in der Kürze nicht Würze liegt, der Beweis bist Du, wie man sieht".
„Ja und; Froschkopf[1] hat gar keinen, acht Kinder, klar, das von dreien",
„war schmierig, Spitzbübinnen sie, das Anlasten keine Magie.
Abwehrend hat er nie erdacht', warum jede ihn ausgelacht,
wenn er schmachtend sagt', komm zu mir, ich sehne mich so sehr nach dir.

Ach nein, Napoleon war nicht groß? Das wusst' ich ja noch nicht, sag' bloß.
Ist das erste Mal, dass ich's hör, hörte es nie zuvor, ich schwör'.
Ein großer Feld- und auch Kriegsherr, das tausendste Mal, kann nicht mehr,
und Shakespeare schrieb, nicht Globocnik, dass in der Kürz' die Würze liegt."

Ein Schrei, Blitzkrieg, im Hintergrund, kraht Froschkopf[1] im Angriffsdelir,
führt Paarungskrieg, offen der Mund, ganz in Froschfortpflanzungsmanier:

„Auch stammt ganz sicher nicht von Dir, Bescheidenheit ist eine Zier,
und Du glaubst wirklich ganz und gar, dass Wessel Brechts Pseudonym war?",
„sprich weiter, die Erregung steigt! Detlef[3], Du auch, bin gleich soweit",
„bin nicht Dein Romeo im Zuchthaus, Pinsl[3], zieh ihn dort sofort raus!".

Seitlich wird der Spieß umgedreht, ein Bratenduft im Raume steht,
währ'nd Schubsi[4], mit geweichtem Hirn, den Abstieg bremst mit seiner Stirn,
springt 88[9] auf's Liebesgestell, schnallt sich fest, ruft „Mackie[5], komm schnell,
und mach mich zum glücklichen Mann, fange mit etwas Zartem an!"

VI.   Das Entsetzen

Bevor nun alles eskaliert, der Regisseur interveniert:

„Stopp, aus, hört auf, wie widerlich, wie schaut Ihr Euch nur ins Gesicht,
ich hab' ja schon viel Schund gedreht, auch wobei Euch alles vergeht,
doch Ihr seid verkommen, versaut, wünscht' mir, ich wäre blind und taub!
Und nein, das ist g'rad' nicht von mir ein Dirty Talk, Storch[7], komm zu Dir!

Verflucht, verdammt, Ihr seid so krank, bei all dem wird mir angst und bang,
nichts an Euch ist zivilisiert; und nichts wird auf der Leich'[6] serviert!
Ich dachte, gut, ein Porno-Dreh, das tut sicherlich keinem weh,
doch hätt' mir nie im Traum erdacht, was Ihr für 'n kranken Scheiß da macht."

„Ja weiter, weiter, gib's uns, fest, sei böse, schrei, gib uns den Rest,
beschimpf uns, sag schmutzige Sachen", „ich mein's ernst, will Euch nicht scharf machen!
Wollt' auch nur mir ein Denkmal setzen, seh'n, wie's sich empört vor Entsetzen,
doch all das hier hat nicht schockiert, nein mich völlig traumatisiert.

Ich geh' jetzt, halt' es nicht mehr aus, müht Euch nicht, find' allein' hier raus,
das Equipment lass' ich Euch hier, brauch es nicht mehr, nie mehr, glaubt mir."
Und als die Pforte ins Schloss fällt, die Wollust nur noch stärker quält
in scharfem Schmerze die Fraktion, ein Vulkan vor der Eruption.

Ein BraunschLumpf[11] zieht an seiner Tracht, seufzt dabei, hätt' gern mitgemacht,
das Auszieh'n war so spannungsvoll, Detlefs[3] Blick ach so liebestoll.
Und nun soll es schon vorbei sein, Tränen rollen, „jetzt bloß nicht wein'",
er hätt' gern' so viel ausprobiert, doch außer ihm ist nichts passiert.

VII.   Das Leid

Und wenn man ganz aufmerksam lauscht, hört man, wie es bläst, seufzt und saugt:

So offenbar wurd' letztendlich das Werk fertiggestellt, was sich
auf den Magen auswirken sollt'. Auch wenn dies niemand so gewollt,
zieht durch die Stadt bald wahlwerbend, mit Bild und Ton höchst verstörend,
wie Schützen nach deren Filmriss, das öffentliche Ärgernis.

Wie ein Unfall, so voller Grau'n, vermocht' doch niemand fortzuschau'n,
liegt was man dort ertragen musst', doch ach so fern jedweder Lust.
Gestalten, wie Lovecraft ersann, Cthulhus Fluch marschiert voran,
ein Schockgespenst in SA-Braun, zerstört jedem den Potenztraum.

Das Banausenvolk versteht nicht, ist nicht bereit zu seh'n dies Licht,
so kam es zum Meinungsskandal, verdrängt, das so kurz vor der Wahl:

Beklagt wurd' so, laut das Geschrei, dass man ringsum ausgegrenzt sei,
nicht auch nur ein Sender ausstrahlt, was man wie auf Leinwand gemalt.
Dem Glaubenssieg der Medienzunft, der Wahlkampfzukunft Niederkunft
bedarf's einer and'ren Plattform, Wahlkampf findt' nun statt auf Youporn.

Doch schon der nächste Parteitag war für die Führung ein Tiefschlag,
die Inhalte nur Randnotiz, Interesse galt der Kampf-Miliz.
Ist Storchs[7] Haarfarbe wirklich Schlamm, wie kommt Krah[1] so bei Fröschen an,
ist Kotré[10] reaktionsfähig, Weidel[5] als Vampir unsterblich?

Ist Gauland[6] nur noch Körperwelt, macht Frohnmaier[8] alles für Geld,
stimmt's, dass Kalbitz[4], als Reichskobold, seit Detlefs[3] Trennung ihn umtrollt?
Hat Chrupalla[2], so volksverliebt, gewusst, was Heine wirklich schrieb,
ist Baumann[9], nur dem Nam' nach Baum, im tiefsten Inn'ren gar nicht braun?

Die Spitze war doch sehr verletzt, sie fühlte sich nicht wertgeschätzt,
wollten sie doch nur allesamt der Partei dienen und dem Land.
Doch weder Land, noch die Partei, egal, wie die Stimmung auch sei,
hat diese still'n Helden verdient, nicht ein Volksbruch wird mehr geschient.

„Dann soll das Land doch untergeh'n, mit fliegenden Fahnen verweh'n!
Was ist Partei und Deutschland wert, wenn alles mit allem verkehrt?"

Ja Alles Fickt Die **AFD**, selbstbetitelt' Wende in spe,
die missverstandene Elit', welche die Würd' schon immer mied,
zieht sich nun still und leis' zurück, sucht and'renorts ihr Liebesglück,
jedoch nimmt der Appetit ab, nicht nur Glieder verwehr'n sich schlapp.

VIII.   Der Erfolg

Doch hoppla, wie geschieht uns jetzt, der Wahlspot stürmt das Dunkelnetz,
ein Hit auf jedem Trieb-Kanal, das Video geht rasant viral.
So erschien, als nichts konnt' komm' schlimmer, wie aus dem Nichts ein Hoffnungs-
schimmer,
sofort regt der Parteivorstand die Gründung eines Reiches an.

Ein Reich, indem die Freiheit siegt und jeder vor Entzücken quiekt,
ein Reich, das niemanden einlädt, der kein' Mitgliedsausweis vorlegt.
So kann man unter sich bleiben und Regeln einfach festschreiben,
und wer diese nicht anerkennt, wird remigriert, vom Rest getrennt.

Und dieses Reich, so sonderbar es auch erscheint, macht dennoch klar,
dass aus dem Bösen Gutes wächst, wenn man den engen Raum verlässt.
So leben sie in Frieden fort, an diesem ganz besond'ren Ort,
und warst Du selbst noch niemals da, besuch schnell „Der Storch" Swingerbar.

Denn jeder ist hier sehr willkomm', das Undeutsche mal ausgenomm',
so stehen bei Eröffnung gar als erste Merz[12] und Söder[11] da.
Auf ihnen folgen, allesamt, bekannte Namen, nicht genannt,
da Rechtsmittel wohl drohen dann, die ich mir g'rad nicht leisten kann.

Doch sehr schön ist es anzuseh'n, wie diese lieblich' kleinen Feen
tanzen und springen, lachen, sing', unglaublich Absurdes vollbring'.
Und wir zieh'n uns nun leis' zurück, um nicht zu stören dieses Glück,
auch ist es sicher nie verkehrt, lässt man zurück, was nur verstört.

نهاية (Nihaya)

مع (Mae)

[1] Maximilian „**Froschkopf**" Krah

[2] Tino „**Pinsl**" Chrupalla

[3] Bernd „**Detlef / Björn**" Höcke

[4] Andreas „**Schubsi Schubiak**" Kalbitz

[5] Alice „**Mackie Messer**" Weidel

[6] Alexander „**Aas-Alex**" Gauland

[7] Beatrix „**Der Storch**" von Storch

[8] Markus „**Hartgeldfee**" Frohnmaier

[9] Bernd „**BB-88**" Baumann

[10] Steffen „**Röckchenblinzler**" Kotré

[11] Markus „**Braunsch*Lump*f**" Söder

[12] Friedrich „**Schleckcock**" Merz

Der Wandel

Herr Söder fasst in Merzes Tritt,
die Sonn' geht auf in der Union,
gespitze Lippen, feucht der Schritt,
stets fest im Geist der Tradition.

Jahrtausende, nun reicht es fei,
versteckt' hinter Empörgekeif',
wird Schmetterling eine Partei,
die Made war längst überreif.

Rufmordopfer, Missverständnis,
Zentrumssklave, gewissensrein,
reißt Mauern nieder, 's Gefängnis
nicht länger riegelt 's Liebchen ein.

Wie seit jeher der Phönix musst'
sich stell'n Sozialinquisitor'n,
ob Wort, Tat, häufig unbewusst,
wurd' sie als Sünd'bock auserkor'n.

Wurd' falsch bewertet, ewiglich,
was immer auch getan, gesagt,
Vorwurf stets, sie sei unmenschlich,
und giert gar nur nach Geldertrag.

Realitätsverneinend, alt,
des Fortschritts größter Feind marschiert,
rassistisch, homophob und kalt,
die Reichsgeschichte kolportiert.

Sexistisch, gnadenlos verengt,
besonders schwer lumpendurchseucht,
bei der Lebensformauswahl streng,
nur noch Nutzvieh wird eingedeutscht.

Schwer gierend und von Leibgestalt,
leidenschaftlich zynisch, korrupt,
rücksichtslos, anstandsfern, Gewalt
als Wertedurchsetzungskonstrukt.

Rückgewandt, Fähnchen weht im Wind,
Latex und Peitsch' unter dem Zwirn,
stimmungstreu wechselt man geschwind,
schwirr'n mückengleich, Dich zu
verwirr'n.

Wenn dies der Führer, verzeiht, Gott nur
wüsst',
Euch zu Ehr'n Kirchgeläut,
nichts wovor man sich schämen müsst,

Doch verratet Ihr 's Kreuze heut'!

Denn zeigt sich, was verborgen war,
kein feuchtträumender Mannsverein,
nicht frauenabwertend' bizarr,
sie woll'n nur intern lieb verweil'n.

Alles nur Tarnung und auch Zwang,
es war des Wählerbundes Will',
er hat nach diesem Hang verlangt,
Selbstverleugnung wurd' Trauer, still.

Als Opfer musste Sie sich beugen,
Prostitution als Hausgeschäft,
an Freier verschachern, verleugnen,
Würd'losigkeit des Wählers Heft.

Nun zur Waffe, die Fahn' gehisst,
Aufstand des Anstands, Euch zum Wohl,
nun läuft sie ab, Weißhauptes Frist,
Regenbogen Parteisymbol.

Als 's Söderl in Merz eing'fahrn war,
sanft rückgewandt, doch mit Nachdruck,
frohlockt' nicht nur die Prostata,
auch 's Määßchen erhebt sich und zuckt.

Doch in mir Schreiber meldet sich
's Gewissen, von des Zyn'kers Thron,
mehr homophob und sexistisch,
bin ich als die ganze Union.

4. Ira

„Nicht durch Zorn, sondern durch Lachen tötet man."

Friedrich Nietzsche (1844 – 1900)

Du bist in meinem Aug' der Dorn, bist Motor meiner Wut, des Zorn,
dennoch, bin dankbar Dir dafür, als schwarzer Peter dienst Du mir.
Auch ganz und gar der Restbagage, als Pardon jedweder Blamage,
welche Du kopfschüttelnd hinnimmst, so Zeit wird 's, dass Du schnell verschwind'st.

Der Flüsterer im Dunkeln

leise Stimmen, Stille, still,
doch raunt's in meinem Kopf so schrill,
fast schreiend, ohne Unterlass,
die Furcht erwacht, werd' bitterblass.

Schnell dreh' ich mich, blicke mich um,
plötzlich die Stimme schweigt, ist stumm,
doch spüre ich eine Präsenz,
vergess' es gleich, ist halt Demenz.

Straßenkrieg

Auf deutschen Straßen nicht zerstört
das Fahrzeug, worauf dieses fährt,
die Straße ist's, die Rache übt,
das Fahrzeug weiß nicht, was ihm blüht.

So rollt ahnungslos jeden Tag
das Auto über den Belag,
ahnt nicht, denn schlaglochreich zum
Sieg,
führt die Fahrbahn den Straßenkrieg.

Emsland Trophy

Der Fingernager

Als Maus die Ratt' würd' tarn' sich nie,
der Paria entsetzt fürwahr,
die Maus, doch klein, zu schützen sie,
als Haustier eignet sie sich gar.

Nicht niederträchtig, fromm und süßlich,
nicht rattenähnlich widerlich,
einfach nur einfach, infantil friedlich,
kein verschlag' höhnend Ungesicht.

Unbeholfen, friedlich, naiv,
nicht wie die Ratte offensiv;
einfach nur da, ganz still, passiv,
nicht abartschrei'nd obszön, lasziv.

Da fragt sich fellgleich und paarschar-
rend,
nagend im Kreis, stets triebgerecht,
welch' Wesen, Gleichheitsrechte harrend,
emporsteigt als der Würde Knecht.

So bringt sich nagend Edelling
in Stellung, opportun bewusst
und fließt gar selbstlich unbedingt
in Fasses Rundform, da es muss.

In der Ecke, einsam, doch frei,
nag' ich erschöpft, vom Wider matte,
gewollt als treues Konterfei,
nicht als Maus, nein, bewusst als Ratte

Anklage

Da kommt er an, der Muselmann, entschlossen das Gesicht
und trägt am Bauche, dann und wann, ein klassisches Gedicht;
ein Vers, als Antwort auf all das, was Ihr ihm angetan,
bittere Zeil'n des Grimm', der Glut, der Trauer, Leid, des Gram.

Doch Ihr steht da, stur fassungslos, könnt, wollt gar nicht versteh'n,
wie man Euch nur, gar übergroß, trägt vor Eure Vergeh'n;
die Melodie, die Euch erbracht, kommt Euch doch bekannt vor,
vertraut, zum Drangsale erdacht, singt Ihr der Welt im Chor.

Schmäht gegenseitig, selbstgerecht und heuchelt Toleranz,
doch unentwegt die Melodie lädt zum Endtotentanz;
Ihr seid 's stets, singt Gräuelverse voller Feindseligkeit,
im Schützengraben, das Bajonett, zum Angriff bereit.

Doch jetzt überrascht, seid entsetzt, hättet gar nie Euch ausgedacht,
dass etwas von dem zurückkehrt, zu Euch, was Ihr and'ren gebracht;
Geteiltes Leid ist halbes Leid, Entsetzen, agonisch erstarrt,
spürt ihr jetzt den Schmerz jener Seit', auf der Ihr niemals zuvor wart.

Kein Kreuz, kein Halbmond, Davidstern vermag zu lindern jenes Leid,
dass Ihr gesät zum Wohl des Herrn, zum Wohle Eurer Menschlichkeit.
Ihr gnäd'gen Eif'rer, nehmt uns mit, das Himmelreich ist nicht mehr fern,
wo Gesang Kinderqual'n verstummt, alles zur Gnade Eures Herrn.

Ihr Nächstliebenden, rettet Euch, doch warum nur lasst ihr zurück,
die Schwachen und Bedürftigen, trüben sie die Sicht auf das Glück?
Warum glaubt Ihr, dass Euer Einfluss, was ihr gabt der Weltgeschicht',
nicht verdient, was Euch längst zusteht, nur Euer klassisches Gedicht?

„Darum sollst du nun gegen dieses Volk in den Kampf ziehen und mein Urteil an ihnen vollstrecken! Verschone nichts und niemanden, sondern töte Männer und Frauen, Kinder und Säuglinge, Rinder und Schafe, Kamele und Esel."

erstes Buch Samuel, Kapitel 15, Vers 3

So freu' Dich, Jüngling, Deiner Jugend

Dunkelheit, kaum Lichtertanz, kein Hoffnungsschein, nicht Liebesglanz,
bin Jüngling, suchte meinen Traum, gewährt wurd' mir nur Altenraum.
Hab' g'rad' begonnen mich zu seh'n, der Schöpfungs Stimme nachzugeh'n
und einfach nur dem Sein und Sinn, der Lieb' folgen, wo immer hin.

Jedoch war diese Blumenwies' nur kurzer Traum, der mich entließ,
in eine Welt der Pflicht und Müh', welche mir stahl die Freud' so früh.
Des Makel', welcher mich brandmarkt, werd' erinnert d'ran jeden Tag,
erfahr ich Wut unangeklagt, nur Richter, Henker, keine Tat.

Allein das Wissen, dass ich bin, ausgetrieben von Anbeginn,
so wurde mir, hilflos, entfacht, die Rolle, die mir angedacht.
Trotzdem ich wusst', dass dies geschieht, hofft ich, dass der Zug vorbeizieht,
doch als der Schaffner pfeift zum Fahr'n, stürz' ich hinein, den Fluch zu wahr'n.

Der Zorn, der mich seit jeher quält, kein Anker, welcher mich festhält,
die Mutter, welche mich genährt, einst lie'bvoll, nun mir abgekehrt,
der Vater, Wurzel, Stamm, einst Baum, lieb'voll, hält einer Windböe kaum
mehr Stand, da er ganz pflichtbewusst, sich einordnet, des Stand's bewusst.

So ist der einst mir scheinend Held, plötzlich der Wächter jener Welt,
welche von mir nur eins verlangt, sorgen, dass dies Gerüst nicht schwankt.
Denn Sicherheit gilt es zu wahr'n, in einer Welt voller Gefahr'n,
und wenn ein jedes Bündnis bricht, fordern Argwohn und Wehr Verzicht.

Doch wie, ja wie zeigt niemand mir, sei Kampf, Misstrau'n, auch Kavalier,
im richt'gen Moment wirst Du seh'n, wer in der ersten Reih' soll steh'n.
Das war es, und so soll ich dann, entwickeln einen Lebensplan,
in einer Welt, die ständig zeigt, was ich ihr bedeut', sonst nur schweigt.

„Freu' Dich, o Jüngling, deiner Jugend, mach uns're Werte Dir zur Tugend,
entfache in Dir jenes Licht, welches Dir auferlegt als Pflicht.
Beweise, dass Du würdig bist, kompromisslos Dein Wesen ist,
Du dankbar annimmst, jene Welt, welche wir nur für Dich bestellt."

Doch warum habt Ihr nie gefragt, an mir so fürchterlich versagt,
nie das geschützt, was mir gebührt, mich ständig in die Irr' geführt?
Warum glaubt Ihr, so unbeirrt, dass Ihr des rechten Weges führt,
Ihr folgt ihm einfältig und starr, ist das Ende auch noch so nah.

So sehet, was Ihr hinterlasst, die Welt war Hoffnung, die verblasst,
die Welt ist Trauer, Erbnachlass, freilich war darauf stets Verlass.
Und nun, nah' Eurer Daseinsflucht, schaut Ihr zurück, nehmt nur Bezug,
auf das, was Ihr kurz vor Euch seht, flieht, als ob Euch gar nichts angeht.

Reisigregen

Am Fuß die Flamme züngelt schon,
o nährend' Mutter Holz;
gehört' dazu, gleich Christus Sohn,
Wortfolger, fromm und stolz.

Doch eines Tages Zweifels Dorn,
durch das, was mir gewahr,
ins Fleisch hinein getrieben Zorn,
erkannt' ich die Gefahr.

So zog ich minnend durch die Welt,
Aufbruch im Liedgepäck,
begleitet' mich, wed' Hab, noch Geld,
bloß Wandel war mir Zweck.

„Bitt' lauschet mir, lauschet dem Lied,
dem Lied, welch' ich Euch sing,
von Freiheit, Großmut, nie Klag' ich
mied,
für Euch ich mich verding."

Und jedes Lied's verziert' Vision
wurd' schwerer immerfort,
mein Selbst und auch des Minnend' Lohn
war Anfang Ort für Ort.

Folgt' anfangs mir noch Aufregung,
welche durch Euch verlieh'n,
sah ich bald der Rüg' Anmaßung
scharf an mir vorbeizieh'n.

Als Zweifler wurd' ich so bekannt,
aufrührend' Narr von Euch genannt,
fürchtet' die Nadel, die ich führ'
ins Fleisch, mit teuflischem Gespür.

Bin hellstrahlend' Licht und dafür
verachtet, schließt vor mir die Tür,
bin Wahrheit, treib Euch an den Rand
des Wahnsinns, den doch Ihr entflammt.

So kam's alsbald, wie's kommen musst,
zu laut des Tadels Chor,
ein and'res Lied, stark, rau, robust,
schob sich dem meinen vor.

„Feuer dem Lied, Brand dem Gesang",
Sehnsucht nach Asches Fall,
zu Ehren schreiend' Zyn'kers Klang,
nivellier'nd Widerhall.

So glüh ich bald, ich Ketzers Brut,
schrei aufwärts: „cui bono?",
hätt's besser wissen müssen, gut,
brenn' doch gleich lichterloh.

Messschoppen

Nur ganz allein der Wiesenwirt
weiß, was er in der Schürze führt
und hat's als solch einer freilich,
mit dem Geschäft doch recht eilig.

Denn nach dem Kirchgang säuft sich's
gut,
die Predigt macht' den Mächt'gen Mut,
nach ihr ist Erfolg Gott's Geschenk,
richtig ist demnach, was man denkt.

Auch Tradition der Pastor pries,
als Befehl, wie er allen hieß,
rief dazu auf „haltet dran fest,
denn Fortschritt ist der Menschheit Pest!".

Auch in alter Brau-Tradition
ist's Geld des Wirts Stimulation,
wenn's Bier in Hektolitern fließt,
es Mammon in die Taschen gießt.

Und wenn der Rausch sich dann anbahnt,
der Wirt 's Weitertrinken anmahnt,
erhebt sich immer mehr das Wort,
und der Verstand steht auf, geht fort.

Denn ist ihm nicht geheuer, was
entblößt das kühle, helle Nass
und welchen Schelm es aufrecht stellt,
bevor dieser zu Boden fällt.

Doch zuvor prophezeit er lall'nd,
in deutsch'stem Deutsch der Deutschen
schwall'nd,
dass alsbald die Welt untergeht,
merkt nicht, dass ihn niemand versteht.

Ist ganz egal, der Rest 's beschwört,
als er das Wort *Kanacke* hört
und grölt, bejubelt, beifallt, beißt,
schreit was? die Meut' dies selbst nicht
weiß.

Der Schankwirt lächelt so derweil,
schon vernimmt man das erste *Heil*,
auch der Dorfschulz nimmt diesmal nicht
ein Blatt vor 'm Mund, offenbart sich.

Der Gerstensaft fließt nun im Strom,
kaum leer, folgt die nächst' Runde schon
und bringt immer mehr Menschenhass,
da wird's sogar dem Wirte blass.

Nun Vorsicht, trinken viel zu schnell,
es ist noch viele Stunden hell,
bis dahin soll'n sie hier verweil'n,
's heißt den Alk'holgehalt zu teil'n.

Mit Limo? Nein, die kost' zu viel,
mit Wasser kommt man auch ans Ziel,
so hälts den Pegel g'rad' aufrecht,
der Pöbel munter weiter zecht.

So Rund' um Rund' und Stund' um
Stund',
des Küblers Mund tut Abgrund kund,
ein Dank an den Wirt ob der Müh'n,
das Gift, das sie hier laut versprüh'n.

Es dunkelt, reicht, zum Lanz'wurf frei,
„geh, schaff' mir 's Fuselöl herbei",
ein letzter ordentlicher Schuss,
noch zehn Minuten, dann ist Schluss.

Der letzte Akt im Saal beginnt,
nun heißt es handeln, recht geschwind,
der Wirt, er eilt flinkfüß'g heran,
bringt die Rechnung schnell an den
Mann.

Jedoch mit hochgestrecktem Arm
delegiert der Schultheiß den Schwarm,
er ihm dreifach Gefolgschaft schwört,
so laut, dass man's auch draußen hört.

Als Führer gäb' er viel'n den Rest,
der Schultheiß laut verlauten lässt,
verteilt schon Ämter an die Herr'n,
der Kämm'rer soll Reichsführer wer'n.

Genug, sie können g'rad' noch steh'n,
ist allerhöchste Zeit zu geh'n,
was vor der Pforte dann geschieht;
dem Wirt 's egal, weil er's nicht sieht.

Ein letzter Schluck aufs neue Reich,
der Kämm'rer die Rechnung begleicht,
ein Amtsessen, ganz unbefleckt,
„hab' den Beleg Dir eingesteckt".

So ist's der Schürze Heimerfolg,
unter ihr Rubels Münze rollt,
denn Freunde, fall'n sie steil treppab,
rechnet man gern auch doppelt ab.

Ja, eines weiß der Wirt gewiss,
des letzten Beleg's Endabriss
ist Beginn einer neuen Roll',
auch morgen wird's hier wieder voll.

Denn anständig in diesem Land
ist der, der sich zu ihm bekannt',
Treue stets uns're Ehre ist,
man wird gefressen oder frisst.

Hier auf dem Dorf ist man loyal,
denn niemandem ist hier egal,
wenn man von Mann gar zu viel weiß,
hat Freundschaft einen hohen Preis.

Alles dem Dienend' ist uns Pflicht,
in Andacht üben wir Verzicht,
bleiben Urwerten Deutschlands treu,
„Sieg heil!", dies jeden Tag auf 's Neu'.

fraktionelles III

Der Empörkommling
Der Markuhus, der Markuhus, der schleckt für Stimmen ~~jeden Fu~~ Zwetschgenmus.

I

Kaum auf der Welt, schon ging es los,
ein Schreihals war gebor'n,
und irgendwann wurde er groß,
doch 's Schrei'n ging nie verlor'n.

Erst Mutters Brust, dann Asylant,
Kopftuchverbot mitsamt,
denn christlich ist das Abendland,
Kreuze in jedes Amt.

Verbrennungsmotor aus und an,
Atomkraft ebenso,
sein Wankelmut dem Land bekannt,
sowieso anderswo.

Bizarr seine Selbstdarstellung,
das Fähnchen pflückt den Wind,
er wind't und wend't sich, sucht Achtung,
ist er doch noch das Kind.

Nur ein's bis heut' Klatschspalten füllt,
bis heut' nicht zu erfahr'n,
doch nun wird 's Geheimnis enthüllt,
was anbetrifft den Nam'.

So hitzig die Debatte ist,
so gähnend die Geschicht',
denkt man kurz nach, wird schnell ge-
wiss,
der Hergang wundert nicht.

II

„Bören Söder? Spinnst Du Weib,
ich glaub' es wird mal wieder Zeit,
ich bin Deine Ideen leid,
den Teufel ich Dir schon austreib'.

Der Däne, könnt' es schlimmer sein,
nennt's Jütland, offen, nicht geheim,
hält uns zum Narren regelrecht,
und zeigt uns somit sein Gemächt.

Du willst, was meiner Lend' entkam,
markier'n mit 'nem jüdischen Nam',
der dem ew'gen Dänen entsprang,
der all das uns zum Spott ersann?

Auf keinen Fall, der Jung' bleibt Deutsch,
ja, durch und durch, offenheitskeusch,
auf dass er einmal das fortführt,
was nur dem Deutschen Heil gebührt.

Sonst wird er vielleicht auch noch schwul,
macht unser Haus zum Sündenpfuhl,
perverser Wüstling, Trachtentunt',
der Geifer strömt, der Hintern 's wund.

Dann hängt er sich noch über's Bett
'nen Ekelsack, hässlich und fett,
auf den er, nie sprech' ich es aus,
bewässert seinen Sünden-Strauß.

Auf keinen Fall kommt es in Frag',
dass ich zu dem da sowas sag',
dem Manne immer, keine Klag',
schon die Namensgebung oblag.

Also, Adolf ist doch nicht schlecht,
ach geht nicht, nie macht man es recht,
ja dann zum Teufel, aus und Schluss,
wir nennen das Balg jetzt Markus."

Der Suppenkasper

Der Wladimir, der Wladimir, der braucht ~~der blauen Pillen vie-~~, einen Deckoffizier.

Der Wladimir war immer schon,
als Nachbarsjunge, Freund und Sohn,
Nörgelkasper und Heulsus' sollte
er nicht bekommen, was er wollte.
Dann hält den Wladi gar nichts mehr,
stürmt kopflos außer sich umher,
schreit „wenn Du nicht machst, was ich will,
mach ich Dich, Mutter, bald ganz still".

Und wer nun hofft, an folg'nden Tagen
wird der sich schon ausgetobt haben,
kennt Wladi leider gar nicht gut,
denn einmal da, hält Stand die Wut,
stampft mit dem Fuß, das Gesicht rot,
„den Stock, ich schlag Euch alle tot".

Ja Wladi möchte Führer sein,
akzeptiert daher nie ein Nein,
war er noch Bub fiel's nicht so auf,
ließ man der Tobsucht ihren Lauf,
doch das hat ihn noch mehr verstört,
weil keiner da hat ihn erhört.

Oft lachte man den Wladi aus,
wuschelte ihm die Haare kraus,
was ihn erneut zum Rasen bracht',
„das habt ihr euch fein ausgedacht",
als junger Bursch' entschied er dann,
dass er auf Haar' verzichten kann.

Doch ein's trieb ihn schwer in den Wahn,
war er sonst eher fast noch zahm,
für ihn des Spottes Todesschlag,
wenn's Mittag dann noch Suppe gab.
Herrlich war er so anzuseh'n,
begann er sacht' sich aufzubläh'n,
wusste ein jeder ganz genau,
gleich wird der kleine Wladi blau.

Der Familie ein Riesenspaß,
die Atemnot Wladis, so dass,
besonders bei den großen Feiern,
niemand konnt' sein Lachen verschleiern.
Kein Wunder, irre wurde er,
der nichts hasste als Suppe mehr.

So kam es, wie es kommen musst',
Wut wandelte sich in Mordlust,
denn die begrenzte Menge Blut
tat seinem Hirn so gar nicht gut.
Schon bald lief er dann affektiert,
auffallend protzig exaltiert.

Es dauerte dann gar nicht lang,
das Toben war's, nicht nur der Gang,
womit er konnt' Begeist'rung schür'n,
die Großgeister pathetisch rühr'n,
auf dass sie bald Kniefall spalier'nd,
ihm mit der Zung' die Schuh' polier'n.

Doch folgte ihm auf Schritt und Tritt,
d'runter der Sowjet schon sehr litt,
die Suppe, Russlands Tradition,
auch nachts als Höllenschlundvision.
So hört man ihn noch heute schrei'n:
„Ich esse keine Suppe! Nein!
Ich esse meine Suppe nicht!
Nein, meine Suppe ess' ich nicht!".

Der Wein der Träume, bittersüß,
dem Wladi dieser sehr aufstieß,
so dass er, als er endlich groß,
sein Rezept einfuhr, ganz selbstlos,
und fortan nur noch einzig galt,
durchgesetzt wird bloß mit Gewalt.

So lief Lenin Russland davon,
der Vater der Sowjetunion
und überließ den großen Geist
jenem, der Wein zu strecken weiß.
Wein wurd' mit Lebertran versetzt,
das Volk schluckt's eh zu guter Letzt;
wird Wodka zum Nachspül'n gereicht,
schmeckt bald sowieso alles gleich.

Mütterchen Russland wird aufsteh'n,
egal wie, irgendwie wird's geh'n,
„zurück als Großreich, eins, zwei, drei,
führ' ich Nebels Lichtung herbei".
Nur irgendwann wuchs das Gefühl,
beim Weltensprengen mit Kalkül,
ging offenbar einiges schief
es sollt' nicht laufen, wie's dann lief.

Und so hat Wladi dann gelernt,
das Rasen aus dem Tun entfernt,
nie mehr die Nerven zu verlier'n,
die Wut durch Krieg zu kompensier'n.
Besonders half die Strategie,
drohte die Palastanarchie
und auf den Mittagsspeiseplan,
schon wieder eine Suppe kam.

Es folgte Krieg auf jeden Borschtsch,
die Begründung meist kindlich forsch,
es galt das Menu zu versteh'n,
und Angriffe vorauszuseh'n.
So setzte man Spione dann
auf die Küche des Kreml' an
und verlor manchen mut'gen Mann
beim Diebstahl Wladis Speiseplan.

Nach und nach wurd' er bauernschlau
und wusste alsbald recht genau,
wie er mit trügerischer List
die Wahrheit zerpflückt, wie sie ist.

Er dirigiert den Laienchor,
ein Wohlklang, bezaubernd sonor,
sediert die Seele und den Geist,
auf dass bald gar Niemand mehr weiß,
dass all'n Ursache offenbar
nicht Schicksal, sondern Suppe war.

zeitgemäße und geopolitisch (auch grafisch) relevante Adaption der Suppenkasperei
aus Heinrich Hoffmanns „Der Struwwelpeter" 1844

Independence

Prolog

Er zappelt nicht, bewegungsstill, genau wie's der Zuschauer will,
denn soll der Prozess sauber sein und so des Henkers Seele rein.
Auch auf der Straße möcht' man nicht, dass der Staatsfeind schrei'nd niederbricht,
so ist's als Gnade anzuseh'n, leert der Schutzmann sein Magazin.

I

Ich tank' an der Freiheit Säul,
brech' ob meiner Zweifel knapp,
der Welt Freiheit längst nicht voll,
vorm neunzehnten Liter ab.

Steh' gedankengefesselt,
schau auf die Gezeitenuhr,
blicke fast entseelt zur Seit'
frage, was in Euch nur fuhr.

II

Denn die Freiheit der Nation
größte auf dem Erdenball
Vorbild für alles und all',
göttlicher Schöpfungs-Urknall.

Drei Farben so voller Pracht,
fromm und führ'nd der Welt gebracht,
willst stets allen Wächter sein,
der über die Völker wacht.

Schenkst uns so Deine Gnade,
vereint, hinter Dir verschwor'n,
forderst nur den Treueeid,
wer Dir Treue schwört, bleibt vorn.

Es stand und steht seit jeher
eines auf der Flagge, Gott,
eine Nation, unteilbar,
unteilbar bis aufs Schafott.

Doch wen schickt Ihr an die Wand,
wer büßt für die Freiheitsglut,
nicht der, der sie stets besang,
and're lassen Euch ihr Blut.

Liberty, Justice For All,
plagst gar alles gleichermaß,
ganz egal, welche Nation,
selbst Dein Volk erfährt die Straf'.

III

Dort doch schaust Du genau hin,
Volk und Volk ist Dir nicht gleich,
Hautfarbe und Herkunft sind's,
ob Du arm bist oder reich.

Reich und weiß, das Kapital,
alles and're Dir Abscheu,
gegeben, ist's Gott gesandt,
darum bleibst Du dem Weg treu.

Missionieren ist so Pflicht,
Fortbestand der Tradition,
Gegenwehr wird just erstickt,
Macht und Erfolg Gottes Lohn.

Und Dein Sinn für Ästhetik,
lässt Abweichungen nicht zu,
stört etwas Dir Deinen Blick,
find'st Du erst nach Spaltung Ruh.

Nicht weiß, verletzlich und arm,
sind Dir nur zum Nehmen gut,
begehr'n diese auf, das Recht,
weckt's in Dir des Mörders Wut.

Und schon stehen sie bereit,
schwer bewaffnet und Euch treu,
Straßenkämpfer trennen Euch
Weizen vom unnützen Spreu

Einst jagdten sie als Gespenst,
schürten Angst und Scheits Feuer,
hängten, vergewaltigten,
heut' unmaskiert' Ungeheuer.

IV
Euch war der Reichtum gewiss,
Gott war so auf Eurer Seit',
Satan herrscht die Unterwelt,
seid zum heil'gen Krieg bereit.

Ku-Klux-Klan, Kreationist,
Weiße Herrschaft, Rassenkrieg,
Kampfmilizen, Massaker,
das ist Deiner Freiheit Sieg?

Dabei weißt Du nur zu gut,
wie spaltbar Gesellschaft giert,
während Du, als Philantroph,
Dich so heilvoll inszenierst.

Brot und Spiel auf dem Schachfeld,
Zug um Zug von Dir erdacht,
gehorcht's, wie Du es gewohnt,
Demonstration Deiner Macht.

Was Du sagst ist Weltgesetz,
Widerspruch ist Sakrileg,
jeder, der sich widersetzt,
wird in Stahlketten gelegt.

Euch ist Justitia gern blind,
Dunkel ist der Hölle Brut,
dieses weißt Du sehr genau,
Schwarz, des Teufels Erdengut.

V
Ruht im Trog der alten Welt,
straft, vergeltet, zwingt zu Grund,
Euch ist sicher und gewiss,
die Welt spricht Euch nach dem Mund.

Glaubt Euch selbst uneingeschränkt,
was Ihr tut, wird so zum Recht,
auch wenn Ihr das gleiche Gut,
allen and'ren streng absprecht.

Alles Antlitz Eurer Welt
wird nach Eurem Wunsch kreiert,
umgebt Euch so nur mit dem,
der Euch, was Ihr schreibt, souffliert.

So treibt Ihr auch heute noch,
Sklavern durch Euren Besitz,
doch ist der Leib nicht allein,
auch Geist ist im Masters Netz.

Verrat ist Euch Taggeschäft,
Anstand, Würde unbekannt,
Niedertracht und Gier Gesetz,
Habsucht lenkt Euren Verstand.

VI

Was hast Du bloß der Welt getan, anstatt zu geben, hältst Du arm,
hast Kontinente Dein gemacht, stets nur deinesgleichen gedacht.
Ein junges Mädchen, bunt gewandt, ist eins mit der Vorväter Land,
beweint was ihnen widerfuhr, der Pfad der Trän'n ihrer Kultur.

Zerstört, was Dir Profit versprach, was Dir nicht nützt, liegt heute brach,
das Leid der ärmsten zehn Prozent, meist schwarz, daher indifferent.
So sind sie auch bedeutungslos, wenn Lebensmittel für Dich bloß
Wetteinsatz an der Börse sind, die Hungersnot an Reiz gewinnt.

Die Mutter, so trauergebeugt, vom Schmerz des Verlustes betäubt,
das Kind gestorben ihr im Arm, der kleine Körper ihr noch warm.
Getreide, Mais unbezahlbar, Hilfsgüter aufgebraucht und rar,
so sang sie zum Abschied ein Lied, bis ihr im Arm die Tochter schwieg.

Der Geist erfüllt nur einen Trieb, die Flucht vor dem, was nur noch blieb,
ein Rausch, der niemals enden sollt', das einz'ge, was nur noch gewollt.
Ein Diamant, zwar matt und bleich, ist er doch einzig Himmelreich,
für einen Moment Träumeland, zieht's dorthin immer den Verstand.

Die Mutter ruft verzweifelt aus, stürzt durch den Gang des Krankenhaus',
die Tochter, sie atmet gar kaum, am Mundwinkel bildet sich Schaum.
Der Arzt, er lässt ihr keine Wahl, die Kasse zahlt nicht dies Spital,
und als sie ein solches erreicht, ist das Mädchen schon totenbleich.

Der Junge, gerade 10 Jahr, muss schuften, wie einst der Papa,
welcher im Stoll'n sein Leben ließ, als ein Erdrutsch ihn niederriss.
Der Junge muss, nicht wie gedacht, hinab, wie Vater, in die Nacht
als der Familie ält'ster Sohn, die Familie versorgen schon.

Der gold'ne Westen, als ein Traum, doch wartet nur ein feuchter Raum,
verkauft, da sie als weiblich' Kind, nicht Nutzen ist, wie's Jungen sind.
Sie wird so Stund' um Stund' und Tag von einem zum and'ren gebracht,
vergewaltigt, misshandelt und, empfängt das Leben ihr im Mund.

Ein Gesicht, als sei dies gemalt, so weich die Haut, bringt in Gewalt,
der Schweiß perlt in Streifen abwärts, der Vater spürt der Lende Schmerz.
Was für ein Glück, dieses Geschenk, greift sanft des Jungen Handgelenk
und zieht und drückt ihn an den Ort, zu salben seinen Schmerz hinfort.

Der Machtbesess'nen Sklaverei lebt fort, hält stand, ist nie vorbei,
das Kind, kraftlos, das nicht mehr schreit, weil Hunger alle Kräfte greift,
ein Mädchen, weinend auf dem Stuhl, wird Spielzeug eines Ölmogul'
oder Opfer im Büßerhemd, zur Entspannung auf dem Konvent.

VII

Allein, verlassen, einsam stumm, um ihn nicht freiwillig herum,
sind alle verpflichtet zu seh'n, wie bestraft wird jedes Vergeh'n.
ein Exempel, wie es doch stets an allen Seiten jeden Wegs
wie ein Dämon begleitend steht und niemals des Weges vergeht.

Die Luft besingt die Höllenqual, laut, überwältigend der Knall,
der dem letzten gnadenlos folgt, die Zwischenstille überrollt.
Ein hartes Winseln beziffert, während der Körper erzittert,
jeden Schlag, der den Körper teilt, die jüngsten Narben nicht verheilt.

Die Träne fließt schweigend hinab, mit Blut mischt sie sich Schlag für Schlag,
weil er nicht lauthals schmerzerfüllt, sein Leid in die Welt hinausbrüllt.
Weil er nicht vor Schmerzen aufschreit, hält der Master den Stock bereit,
welcher letztendlich jeden bricht, den Traum von Freiheit jedoch nicht.

Epilog

Viele Augen schau'n zu mir,
langsam senke ich den Hahn,
ich blicke auf die Tankuhr,
dreißig Euro zeigt sie an.

So ist die Welt, wie Dein Land,
Trugrad aus Besitz und Stand,
Deine Freiheit, schandverklärt,
g'rad noch dreißig Euro wert.

5. Gula

Nichts ist zu viel, nichts mir zu groß, bin nicht weltlich, Einhalt zwecklos,
so verdien' ich das Beste nur, und all's davon, bin Hauptfigur.
Ich schling' alles in mich hinein, das Beste 's gut genug allein
und stopfe völlig wild, enthemmt, da mein Maß nie den Gipfel kennt.

Haucharzt

Ich wünsche einen schönen Tag und stelle mich nun vor,
in aller Munde weilend, nennt man mich nur den Doktor.
Denn ich bin Heilkunst, durch und durch, Euch hilft nur meine Kur,
Auren im Bann des Aerosols sind meine Professur.

Schulmedizin ist nur die Flucht vor der Seelennatur,
die in der Aura liegt, als Äther füllend' Hauchstruktur.
Die Sprühkraft nimmt Dir Leidenslast, gibt Kraft und Energie,
der Widerstand ist Kampf gegen die Pharmaindustrie.

Ich spür' deutlich Dein Wesen, fühlst Du Deinen Seelenschein,
Ich puste, blas' Dir Aerosol heil'nd in den Äther ein.
Dein Heilwesen, kann's seh'n, errettet und erleuchtet Dich,
das was ich seh' ist ganz normal, siehst Du vielleicht noch nicht.

Hab nur Geduld, Erleuchtung kommt nicht an nur einem Tag,
vertrau mir, Du bist fast soweit, entricht' noch den Betrag.
Der Null'n zwar viel', doch bedenk', kann's denn zu kostspielig sein,
bei diesem Sphärensprung ist doch die Gegenleistung klein.

Auch Geist und Weisheit streben, Perfektion durch meinen Hauch,
den Schlichten führe ich gern, ganz Hippopotamus Brauch.
Sei hellwach, kein Schlafschaf, frag nicht immerzu nach dem Wann,
merkst Du, dass Du übers Ohr gehau'n wurdest, fängt es an.

Gibt es noch Zweifel? Sicher nicht, bin Meister meiner Zunft,
Einziger, der ihn Dir weist, den Weg in Deine Zukunft.
Der Anderen Worthülsen vergehen in Schall und Rauch,
nur ich bin Deine letzte Frucht an des Wacholders Strauch.

Homö'pathie ist Licht, nicht hahnebüchen' Hirngespinst,
auch mein Extrakt wirkt Wunder, wenn Du es nur stark verdünnst.
Leugnest Du die Beweise, stäub' ich meinen Hauch herbei,
denn dann wurde Dein Hirn weichgeklopft wie das der Arznei.

Ist mir letztlich als Mentor Dein Vertrauen ganz verlieh'n,
erkennst Du klar den Teufel in dieser Schulmedizin.
Denn sie verführt und dient ganz allein nur dem einen Zweck,
die neue Weltordnung erfüll'n, geheim und gut versteckt.
Von Machteliten Fremdbestimmter steh' auf, rette Dich,
und setzte Dich an den mit Weisheit reich gedeckten Tisch.
Befreie Dich, lass Dich illuminieren, schrei es raus,
schon bald erreicht uns're Botschaft erweckend jedes Haus.

Kommt nur zu mir und lasst Euch führen, gebt Euch ganz mir hin,
und vergesst nicht, liked mich noch, denn mein Content heißt Gewinn.
Bist Du verlor'n oder vielleicht einfach nur zugewarzt,
komm zu mir, helf' Dir geschwind, pust' Dich an, bin Dein Haucharzt.

Und wenn Du eines Tages, ganz Homöopathieart,
möchte'st Dich dem Vollrausch hingeben, halt' erst inne und wart',
denn wird der Rausch viel ergiebiger, wenn Du nur eins bedenkst,
das Bier stark zu verdünnen, bevor Du es Dir einschenkst.

Der Schmutzlump

Der Schmutzbringer wird jäh geschützt,
indes der Mahner Feinde ist,
wird abgestraft, belacht, geteert,
wird selbstgerecht, boshaft verklärt,
bleibt von keinen Folgen verschont,
der Schmutzbringer doch wird belohnt.

Während die Jagd, der Rufmord ganz
und gar zerschmettert, was als Kranz
der Freiheit auf dem Kopf sollt' thron',
dem Volk verlieh'n als Gleichheitkron',
wärmt doch ihr Glanz nicht alle gleich,
alt, weiß der Mann wirft Schatten reich.

Auch Justitia weiß zu genau,
wie schwer der Weg zu geh'n als Frau,
und ja, das Schwerte scheint gestreckt,
als Unterwurf vor Mannesrecht;
Verfall, schmutzigste Dekadenz,
der Waagschal' Ungewichts Präsenz.

So kann er, weiß und alt und grau,
den Schmutz verbreiten, weiß genau,
entfernen muss er diesen nicht,
dem Pöbel wird dies Bürgerpflicht,
als Dank dem Untervolk verlieh'n,
die Spott- und Häme-Guillotin'.

Während die Selbstsucht Drecke streut,
der Mahner sich Justitia beugt,
längst vom weißen Mann okkupiert,
bis tief ins Marke korrumpiert,
geschlagen er die Straf' erfährt,
Schmutzbringers Schmutz von ihm ge-
kehrt.

Zwar demutsfern, doch hilflos leis',
kein Hoffnungswind trocknet den
Schweiß,
so schlägt der Mahner, kraftlos, allein,
verlassen, schwer gebeugt den Stein,
während der Schmutzmacher wird hold,
bewundert vom normierten Volk.

Dem Rattenfänger folgend gleich,
dem Greis wird bereitet sein Reich,
was nach ihm kommt, ihm ist's egal,
grenzenlos wütet Amoral,
der Herrgott nimmt's seinen im Schlaf,
ihr gebt es ihm, treu, gläubig, brav.

So lasst mich Euer Führer sein

Prolog

Ich liebe zu sehen, wenn Ihr zetert, Euch beschwert,
Spiegel Eures Charakters, Eure Haltung, doch verheert.
Ich könnt' Euch inspirieren, geb' Euch lieber, was ihr wollt,
ihr begreift Schaffenskunst nicht, selbstüberschätzendes Volk.

Ich bin doch gänzlich Selbstlos, ich zeige nur Wege auf,
gar leicht sind sie zu gehen, es geht stets und steil bergauf.
Ein Aufschwung und ein Fieber treibt Euch an, in meinen Bann,
ich zeig' Euch leise flüsternd, was ich Euch errichten kann.

Verhängnis

So lass mich nur Dein Führer sein,
Ich bin Dir kein Übel, lass Dich nie mehr allein,
werd' stets aufrecht und stützend, Dir zu Deiner Seite steh'n,
musst Dich nur mir hingeben, jeden Weg mit mir geh'n.

So vertrau' mir, bedingungslos glaube mir jedes Wort,
und verbreite dieses laut, fortan und immerfort,
denn so wirst Du ein Teil, dieser schönen, neuen Welt,
bevor ruhm- und auch machtlos diese zusammenfällt.

Jedoch wehe Du lauschst Deiner inn'ren Zweifel Klang,
diese trüg'rische Stimme wär' uns all'n Untergang,
ein Sturz hinab vom Bocke in die tiefschwarze Nacht,
sehet und wiss't den Tod, hab' ihn ganz mein gemacht.

So Ihr Zorn'gen und Vergess'nen, lasst mich Euch Führer sein,
erhebt Euch, groß, erhaben, auf der Väter Gebein,
marschieret Euch zu Ehren und zu Ehr'n meiner Macht,
zeigt der Welt Euch als Hüter, völk'scher Glorie und Pracht.

Ja, will Euch nicht lenken, denn ich bin Eures gleich,
Waffenbrüder im Kampfe, schaffen ein neues Reich,
der Weg dorthin wird steinig, in Versuchung stets führt,
manchmal muss der Erneu'rung weichen Anstand und Würd'.

Doch noch nicht meine Brüder, noch ist es nicht so weit,
noch seid ihr nicht ganz blind, nicht zu allem bereit,
gleichwohl bebt Ihr schon lange, schür' in Euch Hysterie,
kennt genau meine Vision, denn verbarg ich sie nie.

Hinterfragt angemessen, den Todeskampf, der bald folgt,
beschwert Euch nicht bei mir, denn Ihr habt ihn gewollt,
füttere nur die Flamme, das Feuer Eurer Wut,
vielleicht war ich der Wind, doch ihr wart sicher Glut.

Epilog
Nur zeternd und jammernd, erbärmlich' Schatten eurer selbst,
einst groß im Wahn und irr' im Stolz,
doch vergesst ja gar nie, wer dies' Feuer bracht' der Welt,
denn ihr trugt die Bücher und ich nur das Holz!

Zeitenwende

Was ich heut weiß, Euch zu berichten,
ist morgen ja schon nicht mehr da,
egal, was Euch ich einst berichtet,
ist danach gar schon nicht mehr wahr.

Was interessiert mich 's G'schwätz von
gestern,
was kümmert mich die gestrig' Lag',
greif mir Eier aus jenen Nestern,
die mir erbringen heut' Ertrag.

Gestern war gestern, war ja nie heut',
morgen ist von heut' nicht zu seh'n,
morgen hab' ich heut' nichts bereut,
ich weiß, ist heut' schwer zu verstehen.

D'rum bin ich da, heute und morgen,
so wie ich gestern schon da war,
bin bei Euch, sammle Eure Sorgen,
und biete sie dem Pöbel dar.

Verzeiht mir doch bitte die Worte,
sie sind nur noch heute zu seh'n, doch
werden an anderem Orte, auf eurem Rü-
cken auferstehen.

Einleitende Warnung
bitte ernst nehmen; echt jetzt!

Ich möchte als Autor hier aufs Deutlichste – und bevor ich in die Thematik steige – darauf hinweisen, dass es sich folgend ausschließlich um eine mich betreffende und satirische Auseinandersetzung mit der höchst wertvollen und jahrtausendhunderte alten Tradition der sogenannten *kleinen Kämpfer* (*Kivelinge*) der Stadt Lingen (Ems) handelt, welche an ihrer Zeitgemäßheit und lokalen Identifikation nichts an Bedeutung verloren hat und als immaterielles Kulturerbe; naja – was auch immer das über die Deutsche UNESCO-Kommission aussagen mag – irgendwas bedeutet.

Ich als Nicht-Lingener und Nicht-Emsländer, sogar Nicht-Niedersachse und Nicht-Westdeutscher, habe zu meinem tiefen Bedauern (oder unschätzbarem Glück) niemals die Freude (oder das Leid) erfahren, einer zur Identität werdenden Tradition sozialisatorisch habhaft geworden zu sein. Aus diesem Grunde fehlt mir wohl auch das Verständnis für, und ich bitte um Entschuldigung, solch rückgewandtes, anachronistisch-archaisches und in seiner Ausprägung bedrohliches Elitengehabe, welches in seinen Grundzügen höchst patriarchalisch, sexistisch und martialisch auftritt und mit höchst befremdlicher Geräuschkulisse und gefährlichem Suchtmittelkonsum der vulnerablen Bevölkerung aufgezwungen wird – und wie es dieser aufgezwungen wird (nein, es handelt sich nicht um einen
x-beliebigen Schützenverein).

Ich bin somit gänzlich ungeeignet, mich über den Wert solch einer Traditionen auszulassen, und es wäre ausgesprochen respektlos und unverschämt anmaßend, würde ich dies tun. Leider muss ich zu meinem und der Leser*innen Entsetzen feststellen, dass ich offensichtlich ausgesprochen respektlos und unverschämt anmaßend bin, denn während ich diese Zeilen schreibe, ist die (nach meinen Möglichkeiten) sachliche Auseinandersetzung mit der Tradition der *Kivelinge* in seinem (von mir bestimmten) Kontext, wie sie im Folgenden gelesen werden kann, bereits fertiggestellt.

Zu Ihrer und meiner Sicherheit bitte ich somit die traditionsbewussten und sich mit solcher identifizierenden lieben Menschen, den nun folgenden Abschnitt zu überspringen. Denn ich fürchte – auch um mein Leben – dass es bei diesen (und anderen) vielleicht nicht auf die Begeisterung stößt, die ich mir eigentlich erhoffe.

Ich bedanke mich und verbleibe mit Bitte um Nachsicht und Gnade
Euer aller Daniel

Westerwald – eine Tragödie
eine Ode an die Kivelinge

Der Kiveling – Hystorie

Es trug sich zu im 14. Jahrhundert, wohl so um 1370 herum, da wurde während egomanen Streitigkeiten zwischen Klerus und Hochadel – auch rund um des sich nun im Emsland befindlichen und beschaulichen Städtchens mit dem Namen Lingen – auf's Neu die Zivilbevölkerung geschröpft, so dass der männliche Anteil dieser nach gewisser Zeit doch recht stark dezimiert war.

Bei der Verteidigung dieses beschaulichen Städtchens standen alsbald nur noch die grünschnäbligen Frischlinge zur Verfügung, welche auch beizeitig auf die Wälle geschafft wurden, um die angreifenden Horden in die Flucht zu schlagen. Was so dann auch gelang. Die *kleinen Kämpfer* (*Kivelinge* – von kiven: kämpfen / streiten), so sagt man, prägen seitdem die Stadthystorie.

Der Dank der Stadt, mutmaßlich durch den Magister Civium, ward wohl, bis heut', in Bierspenden zum Ausdruck gebracht; waren es im 16. Jahrhundert noch eine halbe Tonne (Kosten seinerzeit eine Mark – in Euro 50 Cent), wurden im 17. Jahrhundert bereits zwei Tonnen verbrieft (Kosten inflationsbereinigt und auch sonst unbekannt). Jegensêne könnte es sich bereits um Hektoliter einhundert oder ähnliche Massen handeln. Da ich selbst nicht Teil dieser Bolderei bin, kann ich dies nur sehr grob schätzen.

Seit jenen Jahren feiern sich die Kivelinge durch fragwürdige Epochen und Kollaborationen sowie alleweiger Dauer selbst, jedes dritte Jahr ein schellendes Spectaculum und verbreiten sich selbst ach überall.

Doch lest selbst…

Prolog

Des Altstadtfests war's, unerwartet, als ich von meinem Rosse sprang
und nichts erwartend heimwärts strebte, ich dieses eine Lied vernahm.
Im Jahr des Kiveldings Zweizwanzig, septembernd, Herbst kündigt' sich an,
im Westerwald fand ich mich wieder, welchen ein Chor kraftvoll besang.

Ich duckte, ja gar fürchtet' mich, suchte instinkend Schutzverhau,
befürchtet', gleich marschiert stechschrittend Soldatenschar in modernst' Grau.
Doch welch Erbarmen, welch' Glückes Gnade, war es doch bloß ein Schelmestross,
welchen die Geschicht', Sinn für Humor, aus seiner Langeweil' ergoss.

Das Kivelding, ganz ohne Hemmung, in Kasperkleidern mummenschanzt
und trommelt, sehr wohl taktunsicher, während der Pöbel umher tanzt.
So torturgleich nicht nur die Kleidung, auch das Gehabe, Liedgut und Text,
unentwegt präsent, kein Ort der Flucht, hat es die ganze Stadt verhext.

„O du schöner Westerwald" dringt's waterboardend in meine Ohr'n,
„das wird man ja noch singen dürfen"; die Unschuld war schon längst verlor'n.
Wie oft schon vor ihr der Verstand, oft gruppend Jungs sich schwer blamier'n,
„wie niedlich, wollen doch nur spiel'n, versuchen, sich zu amüsier'n".

Und plötzlich wird's schwarz vor dem Aug', es schwebt der Traum des Alb's heran,
und er versetzt mich, hier im Schatten, in ein gar fernes Schlummerland.
Doch wie befürchtet, zu erwarten, der süßlich' Schlummer schmeckt ach schal,
Akt 1 beginnt, der Vorhang hebt sich, das Spiel beginnt, Stille im Saal.

Akt 1 – *Der Rosenkavalier (der blonde Bernd)*

Ein Pfeil aus Westen fegt heran, an Wehrmachtern vorbei,
der Doppler lässt 's *Wester-* noch zu, den *-wald* verschluckt 's Geschrei.
Denn laut ist er, der Ems-Wehrling, frönt er der Disziplin,
die weltweit ihm Bekanntheit leiht, Heydts Treibstoff ihm Benzin.

Als Jungspund, emsländisch naiv, überzeugt, ohne Zwang,
als einz'ger Raser weit und breit wurd' Bernd gern Führers Lamm.
Und so verlief steil die Karrier', Hauptsturmführer SS,
wie sich's g'hört, vorbei 's vorbei und er Stadtheld noch jetzt.

Auch Vetterchen, mitraend Haupt, hielt ehrend ihm Andacht,
Gott's Segen erbetend weihte erst ihn, dann die Kriegsmacht.
„Seid ehrfürchtig, ja fügsam, treu, unterwerft Euch dem Herrn,
der Euch als Führer ist erschien', dem Feind das Fürchten lehr'nd.

Mag Sittlichkeit dem Bolschewismus Untergang bald sein,
Gottlosigkeit den Tod, soll das Reich wieder hell erschein'."
Denn Klerus und den Seiensfeind' trennt' nie auch nur ein Grat,
der Treuedank war ihm gewiss, Heil dem Preuß'schen Staatsrat.

So konnte doch dem blonden Bernd nichts gescheh'n, noch passier'n,
wenn Führer, Volk und Vaterland und Klerus heil hofier'n.
So rann der Bernd von S zu S, von Rekord zu Rekord,
vierrädrig sein Beitrag zu Vernichtung und Massenmord.

Blöd dann halt nur, wenn Windes Bö fegt just hinweg den Traum
von Bernds Großreich und Sieg, recht passgenau an einen Baum.
Es brach 's Genick, doch nie der Ruhm, was macht da schon die Schuld,
wird schöngefärbt, relativiert, d'rin ist man gut geschult.

So kehrte er ein ins Jenseits, Gott's Antlitz, wunderbar,
„im Himmel bin ich angekomm', im Himmelreich, fürwahr".
Jedoch, hätt' er nur hingehört, statt halleluj'nd frohlockt,
hätt' er Mephisto sagen hör'n: "Ach Bernd, Du hast's verbockt."

Zurück im Raum, vorwärts der Zeit, in Erdens Gegenwart,
könnt' man meinen, es wurd' gelernt aus jenem, was einst war.
Doch rasen, schwer verstaubt, Monumente noch heut' voran,
des Wahnsinns niemals überdrüssig, der ewige Mann.

Wär's nur hier so, nicht anderswo, den Mensch' beschreibend' Würd'verfall,
doch nicht nur hier, nein allerorts, rast Bernd noch überall.
Im Tunnelblick gefangen, Seitenblick ist ihm Albtraum,
wartet doch hinterm Hügel dort vorn schon der nächste Baum.

Akt 2 – *Der Siegeszug*

Den Westerwald im Liedgepäck befreiten wir die Rückstandswelt,
sind schon erzürnt, verstehen nicht, dass dieses Gut nicht all'n gefällt.
Gut, Hobelspäne folgten uns, manchmal das Glas zu Boden stürzt,
doch bitte, haben immerhin Freiheit und Zukunftsweg verkürzt.

Und nun, ja nun, so dankt ihr's uns, vergesst, was wir für Euch getan,
sorgten für Euch, schützten das Land, niemals Klag ich von Euch vernahm.
Fordert Vergeltung, klagt uns an, war Soldat, warum jagt Ihr mich,
Euer Schutz war mein Befehl, ihn zu erfüllen einzige Pflicht.

Wohin denn nun mit meiner Seel', wo find' ich meine Heimat nur,
wo ich verricht', was ich bloß kann, kriechen durch Westerwald und Flur?
Und dann fand sie mich, wie bizarr, kehrt' zurück, wo ich so gehasst,
fand dort nach langer Zeit im dauernden Tun Seelenruh und -rast.

Angekommen in der Legion, weder verfolgt noch abgelehnt,
treff' hier auf Ehre, Ruhm und Stolz, Tugenden, so zurückersehnt.
Als Dank bring ich den Westerwald, zwar nur als Lied, doch Euch zu Ehr'n,
so ist's meinem Herzen nicht kalt, und nah mir, was einst schien so fern.

Die Legion, wie ähnlich sind wir, auch Du hast Großreingemacht,
hast getötet, der im großen Krieg Dir zur Seit stand jede Wacht.
Auch neben mir im Krater, Davids Sohn, währ'nd Bomben detonier'n,
im Stahlgewitter Grund, nicht Leben oder Verstand zu verlier'n.

Doch Treu' ist Ehr' und Glaube mir, der ew'ge Eid setzt Zeiten neu,
auch wenn's heißt, Brüder zu verraten, Ehre heißt stets Führertreu'.
So wie wir wandet Ihr Euch ab, von jenem, welcher Jahr für Jahr
an Eurer Seite litt und dessen Wort Euch einzig' Hoffnung war.

Vermocht' Chlorgas die Grabenkrieger Seit an Seit kaum niederringen,
wurde alsbald die Kammer auserkor'n, den Tod dennoch zu bringen.
Auch Ihr habt Schuld und Sühne streng und gnadenlos hinweggefegt,
auch Ihr zerbracht den einst'gen Freund, viva Légion Étrangère.

Und hier gebe ich mich ganz hin, was Gott, so weiß', mir angedacht,
bin treuer Diener, ehrend' Mann, der stets dem Herr'n nur Ruhm gebracht.
So steh' ich aufrecht, Hand zum Gruß, für Fremde bitt're Zeitgestalt,
sing, breit die Brust, im Widerhall, tränenfreilassend *Westerwald*.

Akt 3 – *Der Resthautmaltretierer*

Der Kiveling ist älter noch,
dem Mittelalter er entkroch,
während er damals Opfer bringt,
er heute spielt und trinkt und schreit
schon längst von Würde schwer befreit,
es nur noch sein Bahöl erklingt.

Es kehrt Tag ein, Tag aus zurück,
das Mittelalter, Kivels Glück,
Überbevölk'rung, Hungersnot,
der 100jährige Krieg tobt,
Furchtzwang Klerus' einz'ges Gebot,
Millionen fanden dort den Tod.

Doch ist der Kivel fokussiert,
er gern' Fatales ignoriert,
auch wir wollen dies hier nun tun.
Versuchen so nur zu erfahr'n,
warum er eines will bewahr'n,
und lassen kurz das Grauen ruh'n?

So soll es zunächst darum geh'n,
ein Motiv besser zu versteh'n
und sich zu fragen „Warum nur?".
Warum nur macht er's unentwegt,
und wohl auch ganz unüberlegt
als Zweck Kivels Gezeitenuhr?

Dessen gibt's Kategorie'n vier,
bei zweien steht der Mob Spalier,
eine weit're ist schwer verhasst,
wird sie doch vom andren verwandt,
anstatt offener Schimpf und Schand,
denn diese gegen sie verblasst.

Gemeint ist hier das Trommelspiel,
mal laut, mal leise, oft skurril,
doch auch als Geist der Niedertracht,
die Hinterrücks nicht wie im Krieg
oder Schafottgangs Beimusik,
dem Nächsten wird bös' dargebracht.

Und hier nun wird versucht zu klär'n,
welcher ist denn der Kivel-Lärm
zuzuordnen und was d'raus folgt,
ist alles dies bloß Tradition,
Antiquität in Schritt und Ton,
und ist es wirklich so gewollt.

Die Kategorie eins, sie ist
Musik, fehlt sie, wird sie vermisst,
doch klingt sie und berührt das Herz,
wird getragen vom Schlagbeiwerk,
ist sie viel mehr als nur Vermerk
und lindert oft auch Seelenschmerz.

Es folgt dann als Form der Revenge,
eine Pflicht- und Triumphmelange,
die Blechtrommel dem Kind gebracht,
von dessen Eltern lange schon
gefordert wird Satisfaktion,
damit's als Rach' lautstark Krach macht.

Und jene Kategorie drei
begleitet laut das Kriegsgeschrei
und kündigt schrill das Unheil an,
dessen Größe man daran misst
wie tosend das Kriegstrommeln ist,
macht aus einhundert, tausend Mann.

Und schließlich Kategorie vier,
zwar ausgestorben ist sie hier,
andernorts, getragen vom Spott,
hat sie bestand, berauscht noch jetzt,
die Meute, die das Opfer hetzt,
die Trommel, der Weg zum Schafott.

Der Kiveling trommelt wohin,
bezirzt er lieblich Ohres Sinn?
Doch lauscht man dem Trommelkrawall,
ist's wie ein Schmerz, der nicht vergeht,
und ohne Vorwarnung zuschlägt,
hört man doch lieber Steinschlagschall.

Nein, Musik kann's wahrlich nicht sein,
der Paukenschlag ist laut allein,
dem Seelenschmerz geht er voraus,
wird primitiv und trist vollführt,
ist untalentiert vorgeführt,
trotzdem erntet er stets Applaus.

Auch d'rum scheint Kind'slärm passge-
nau,
jedoch sieht man den Unterbau,
der den großen Unterschied macht;
trommelt der Kivel wie 's Kind kann,
ist er doch erwachsener Mann,
nur in Kinderkarnevalstracht.

Bleiben der Kategorie'n zwei,
begleitet von des Mobs Geschrei,
was dann auch dem Pöbel ausstellt,
dass er dem Kriege Beifall zollt
oder des Fallbeils Reiz gewollt,
dass ihm martialisches gefällt.

Holt man sich so den Krieg zurück,
ein Bewusstsein fehlendes Stück;
die Trommel führt Paraden an,
unentwegt formt der Trommelschlag
den Gleichschritt, stechend, Tag für Tag,
dem man sich kaum entziehen kann?

Oder greift's nach Gerechtigkeit,
gegen das Übel Scheit auf Scheit,
des Delinquenten letzter Gang,
trommelt's auf dem Weg zum Schafott,
als Vater wacht der liebe Gott,
gezollt dem Volk's Bestrafungsdrang?

Doch findet dies Mysterium
gewiss keine letzte Klärung,
so schreibt jeder seine Geschicht',
die eine frohlockt und juchhet,
and're zweifelnde Wege geht,
recht schwach ist das erhellend' Licht.

Doch eines kann man gewiss sagen,
der Taktversuch 's schwer zu ertragen,
ist entlehnt einer dunklen Zeit
und Ursprung elitärer Welt,
die dem Kind im Manne gefällt,
wär' er nur ebenso gescheit.

Und wo, wo führt das alles hin,
wenn permanenter Trommelschall
und Gerstensaft bloß überall,
einzig' Wirkmechanismen sind?

Akt 4
Der Frageling

Warum nur trommeln wir noch heut, anstatt des Frühlings liebend Arm
sich auf Jahr'zeit, in wohlig Warm, dem Wunderwesen friedvoll beugt?
Sich beugt der träumend' Melodie, welche der Liebe wohl entsprang,
anstatt des während' Strumesklang der ewig' gestrig' Kultmanie?

Warum erklingt die Trommel heut', ein Symbol des Totengesang',
der einläutet mit seinem Klang, den Untergang, der Freiheit scheut?
Warum ziert eine Melodie, klopfgeisternd und kulturverschnürt,
obwohl bewusst als Krieg gehört, die Gnade, Friedenssymphonie?

Warum schlägt sie im Takt des Kampf's, welcher zurück liegt hundert' Jahr,
und Leid, welches zweifellos war, als Freudenlaune zurückfand?
Mag sein, einst war der Fels gestärkt durch Zufall und der Jüngling Pracht,
doch wird nicht mehr das Fell gebracht und am Lebensfluss rotgegerbt.

Wie schnell wird all das, was geschah, verleugnet, kleingestellt, verklärt,
revisionistisch umgekehrt, gefeiert, ignoriert, verwahrt.
D'rum ist vieles, war's noch so schlecht, gar plötzlich Kulturgut und Glück,
drum wünschen wir uns nur zurück, was Altes uns zurück nur brächt'.

Was wär', wenn erschütterndste Qual, umgedeutet, herabgesagt,
und jeder, der schmerzvoll beklagt, verachtet wird als Sündenfall?
Kaum einem, welcher heut' verehrt, kommt diese Ehre zurecht zu,
betrachtet man, in off'ner Ruh', woraus der Ruhm wurde genährt.

Wie wär's, wenn ein Pfeil noch heut' führ', selbst nicht stechend, doch Tag für Tag
Beifall, der nie den Mord verbarg, noch heut' gefeiert würd' dafür?
Dem Pfeil gar Straßennamen schenkt, Denkmäler errichtet und pflegt,
als Held so durch die Köpfe fegt, doch an den Unhold gar nicht denkt?

Der Ferne nah webt sich doch gern 's Vergessen jener, die verschont,
erhoben, auf Steinen gethront, kniet brav die Herde vor dem Herrn.
Die Salbung der Verfehlbarkeit, ein Ablass, welcher wortgewandt,
die Kirchen füllt und stets verstand, zu geben und nehmen bereit.

So trommeln wir den Krieg zurück, es kämpft sich gut bei Bier und Wein,
und wollen mit der Altzeit sein, und feiern anständig ein Stück.
Denn welche Schwere lastet heut', in diesen dunk'len, grünen Stund',
d'rum tönen wir die Stärke kund, Kriegstrommeln und Glockengeläut.

D'rum Kliveling, darum und bloß, trommelst Du heut, als wär's Dein Recht,
hast nie das todbringend' Gefecht gefochten, stellst Dich dessen groß.
Weißt Du das Leid, welches erbracht; die Mutter verlor Mann und Sohn,
noch heute feierst Du den Lohn; das Bier, ja, kübeln kannst Du schon!

Akt 5
Der Kübeling (Gärsportgruppe Rosemeyer)

Gruppengeistlos saufen, grölen, pissen in die Straßenrinne,
albern verhüllt, scham-, hemmungslos firlefanzen Kivelinge.
Kleiner Kämpfer lallt und schwallt und gellt in missklingend' Sangsing,
verschlossen, fortschritts-, auch selbstachtungsarm kotzt der Kiveling.

Verschworen ist das Feuer des Kivels Chauvinismuskonvent,
antiquiert und rückständig wirkt das Kivelingchen ungehemmt.
Selbstgefällig und infantil, donum civitatem ein Heil,
sich der Kasperei nicht bewusst, dient es dem Geschichtshinterteil.

In feinst' Magensaftbraun gewand't fällt 's Ausgekübelte nicht auf,
auch Beinkleidharn verträgt sich doch recht gut mit jenem Farbverlauf.
Mageninhalt und Lendenwasser in Farb- und Konsistenznorm,
ist Orden auf dem Kostüm, Ranginsignien auf der Uniform.

Egal ob Bitten, Betteln, Schreien, Fluchen, Weinen oder Fleh'n,
die Selbstüberschätzung rührt nichts, ein Ende ist nicht abzuseh'n.
Verglichen mit dieser apokalyptischen Endphantasie,
ist ach so lieblich, himmlisch, beruhigt jedwede Dystopie.

Ist's Bürgerzoons Habitus, dessen Archetyp doch ganz gewiss,
schon ante saecula den Feind vor Lachen zu Boden riss.
Oder ist es vielleicht sogar doch aller Weisheit letzter Schluss,
von wegen pro civibus, vielmehr Pippi, Kacki, Kotzibus.

Beschämend Sohns 's der Kiveling,
vor dem der Mama bangt,
die ganze Stadt nach Fassung ringt,
ist er dieser nur Schand'.

Wie 's Ländchen ist auch er stets zu,
wer hätte das gedacht,
verwechselt auch mal Weib mit Kuh,
man sieht's halt schlecht bei Nacht.

Doch kommt es vor, wie man gut weiß,
dass er jählings verschwind't,
doch schweigt man, tuschelt dann nur leis',
hofft, er nie zurückfind't.

So hört man immer wieder, gar
fern emsländischer Au'n,
von Grausgestalten, sonderbar
und schrecklich anzuschau'n.

Gar weit ist doch das Sagenland
entfernt in uns'rem Traum,
doch fragt man, mit wachem Verstand,
ganz leugnen wird er 's kaum.

Akt 6 – *Der Plageling (der Schöpfung Krone)*

Geisterstund' im Grunewald,
Gespenster treiben ihr Unwesen,
kein Zweigestell traut sich, doch bald
kommt 's größte Grau'n, je dagewesen.

Durch Nebelschwaben nähert sich,
Getöse kündigt 's Unheil an,
nicht Krampus oder Mahr je glich,
ist arg', wie's nur arg kommen kann.

Es treibt ihn um, doch weiß er nicht,
die letzten Tage war'n sehr laut,
wie er hierhergekommen ist,
kein Baum, kein Weg ist ihm vertraut.

Doch Glücklicher, ist nicht allein,
Lemmingschar folgt dem Kommandeur,
stapfen und starr'n verstandlos drein,
trampeln dem Führer hinterher.

Am nächsten Morgen, Schrecktumult,
Sonn' offenbart', was nie gedurft
hätt' gezeigt werden der Unschuld,
wie 's Bieste durchs Unterholz schlurft.

Das Fell, Gefieder oder Haut
riecht streng, süßsauer stößt's empor,
Blindheit droht, wenn man nur kurz
schaut,
nichts derart'ges gab's je zuvor.

Schreiende Kinder, Haustier, Frau'n,
der Grunewald, er tobt umher,
selbst Flora mag sich nicht mehr trau'n,
die Fauna weicht dem Vollrauschhäher.

Der Bericht spricht vom Ungeheu'r,
gar grausam der Bestie Antlitz,
der Gang, o Not, spuckt Höllenfeuer,
ohn' Rücksicht durch den Bewuchs tritt's.

Es buckelt, Sprach' nicht zu versteh'n,
tönt wie der Zung' grausigster Klang,
muss sein Evolutionsverseh'n,
Selbstmart'rung als Ablenkungsdrang.

So ward er bald, der Grunewald,
selbst vom unkraut'gsten Unkraute,
verlassen, nur Schreckenklang hallt,
längst fort vertraute Forstlaute.

Auch heut' noch, traut man sich heran,
geistern Gespenster durch den Wald,
das Kivel man nur hören kann,
die Grunewaldsche Waldgestalt.

So ist es nicht nur Sagenwelt,
das Kivel kennt ein jedes Kind,
ihm wird warnend von ihm erzählt,
damit sie auch stets artig sind.

Und dies geschieht seit Jahr und Tag,
es wurde vieler Städte Sohn,
denn niemand, der sich nähern mag;
friedvoll 's die Kivel-Invasion.

Epilog
Heilende Hände der Tradition

„Die Dödel dengeln durch das Dorf,
welch' wahren Wahnsinns Wesensmorph,
schwadronier'n schamlos schreiend, stier'nd,
peinlichstes Peinkleid präsentier'nd."
besorgte Bürgerin

„Die Ampel grün, werd' sie umgeh'n;
der Kiveling ist d'rauf zu seh'n."
Initiative „Ampeltradition"

Aufrecht ist selbstverständlich nur dem Schwanz vergönnt, doch lästig,
zeigt er aufrecht und ihm kein erfüllend' Heil zur Seit, welches ihn bändigt.
Doch wenn die Männlichkeit nicht mehr Sorg' trägt, dass dieser aufwärts stiert,
wird and'res Teil umfunktioniert, welch' sich nicht wie der Schwanz blamiert.
So scheint die Hand Kompensation kerlichster Allmachtsphantasie,
nimmt sie doch viel zu oft großen Raum ein in der Peripherie.

Wenn 's Zwischenbein versagt, 's Mannwerden unbestimmt vertagt, kann Mama da
stolz aufwärts schau'n? Die Leibesbrut, wandelndes Grau'n?
Kopfhauttäschelnd, doch schamesrot „o Vaterland, wie konnte bloß so gnadenlos die
Ev'lution ein Ling machen aus meinem Sohn?".
Und während es laut vorbeizieht, der Geist sich schmerzkrümmend zerbiegt, erkling
die Westerwaldtortur, Aug', Ohr quälend' Makulatur.

Exkurs
*„Ja früher war nicht alles schlecht und übel, seid doch so gerecht und erkennt auch noch heute
an, was seinerzeit das Reich errang.
Denn wie schnell wird hinweggefegt, was Kulterrungenschaft' angeht, was macht da schon ein
Fehltritte, ein Fliegenschiss der Geschichte?"*

Da wird's just zur Geschichtsschreibung, Selektion zwischen Ohr und Mund, der Filterleistung
limitiert, wird Wahrheit durch Lüge zensiert.
Wird verändert, hinzugedicht', das Wissen interessiert nicht, so trägt uns vor, was ist und war,
der Blender, Glaubensmissionar.
Das Unglück dieses Scheingeflechts, beschrieben in den Worten Brechts, Dummkopf, der nicht
die Wahrheit kennt, Verbrecher, wer sie Lüge nennt.

zurück

So zeig', Kiveling, jedermann lieber den Ling, nicht stehend' Arm; der Ling ist zu klein
für die Sicht und entblößt Dich nicht ganzheitlich.
Und schau' Dich an, hör Dir auch zu, der Herrengeschlechts Troubadou', als Speibling
bringst' im Harngewand, die ganze Art um den Verstand.

Drum wundert's, dass sie nicht drapiert, bevor fachgerecht portioniert, als Grillgut an-
geboten wird und medium gegrillt serviert.
Doch nistet sie uns im Enddarm, hält kotwühl'nd Parlamente warm und versorgt sie im
Übermaß mit unverdautem Selbstzweckfraß.

Und auf diesem Ausscheidungsweg summt's stoisch drei Strophen, unentwegt, von
Heimat, Landschaften so rein, wie im Rausch, möcht' ganz bei sich sein.
Ist nur bei und unter sich gern', hält Fremdschädlinge von sich fern, Tod dem er-
neu'rungsbringend Bruch, preußisch-westerwalds Ständerfluch.

Das bist doch nicht im Herzen Du, klein Kilvel, spielst noch immerzu im Türmchen
Gottes kleiner Held, ist so klein wahrhaft Deine Welt?
Hast Dir ein schönes Reich geschafft, verteidigst, hältst mit aller Kraft den Ruf aufrecht,
der heil'g' Geschicht', auf dass der Traum Dir nie zerbricht.
Im Untakt zeigst' Besuchern stolz Dein Reich, verbirgst im Unterholz gekonnt, wie's
sich unt' Brüdern singt, und's großdeutsch aus dem Türmchen klingt.

Hast Säkula die Stadtgeschicht' uneigennützig Dir verpflicht' und es zur Tod'sünd' überhöht, wenn Dir ein Gegenwinde weht.
Sei mild, war ach so lang' die Wacht, beschütztest bei Tag und bei Nacht, weiß erschöpft Dich, brauchst endlich Ruh', so schließ', mein Kind, die Augen zu.

Stell ab den rasend' Hakenpfeil, bitt' Dich, wünsch' Dir nur Glück und Heil, und erspar' bitt' dem Rest der Welt Deine Selbstdarstellung als Held.
So schlaf recht schön, kleingeist'ger Ling, vom Hinterwald hörst' sanftes Sing', und erwache nach dieser Nacht, die Fortschrittsflamme neu entfacht.

Nun; die Geschicht' schreib' ich Euch nieder, so ähnlich ist alles gescheh'n,
schreib' Wort für Wort, wieder und wieder, hab' all' dies gehört und geseh'n.
Schreib ganz im Geist der Tradition, folg' and'ren großgütigen Herrn,
die in selbstloser Mission versuchen die Welt zu erklär'n.
Dabei folgten sie immerfort und präzise Wahrheiten nach,
sonst wär' jedes geschrieb'ne Wort doch Geschichtsfälschung, Lügensprach.

Könnt's sein, was ich da niederschreib' ist vielleicht arg rudimentär,
verzeiht, wenn ich auch übertrieb', doch ganz ist dies hier keine Mär.

Und ich sah, und siehe, ein strauchelndes Pferd. Und der darauf saß, dessen Name hieß Tradition, und die Maßlosigkeit folgte ihm nach. Und ihm ward Macht gegeben, zu enthemmen auf der Erde mit Selbstgerechtigkeit und Arroganz, auf dass sie alle Dogmatiker werden.

Und da es das fünfte Drankfass auftat, sah es unter dem Schiff der Narren jene, welche im Delir Gottes Gnade erbaten, um des Zeugnisses willen, das sie hatten und die Übelkeit wurde gesandt, auf dass alle Besonnenheit üben;

doch ward ihnen nie übel genug.

So; weiter kann es gehen.

6. Invidia

Boso, was seh' ich denn bei dir? Soll 's dein sein oder gehört's mir?
Spielt keine Roll', steht nur mir zu, ich hab's verdient, sicher nicht du.
Denn du hast niemals was erbracht, nimmst, was du dir hast angedacht,
doch ich stell' wieder Ordnung her und sorg' für Standes Wiederkehr.

Klassenfrage

Das Leid des Menschen schmerzt oft
gleich,
egal ob arm oder ob reich,
jedoch gab's stets den Unterschied,
nämlich, wo die Träne verblieb;
und so wurd' jener Ablassort
ein Ort des Standes, nicht des Wort's.

Ich weine stets im Abstellraum,
man sieht es nicht, man hört es kaum,
das Wasser wird davongetragen,
die Abluft, eingebaut vor Jahren,
gleichmütig ihren Dienst vollzieht,
so Tränens Rinnsal still verfliegt.

And're flieh'n in die Besenkammer,
weinen dort leise, kaum Gejammer,
zwar nicht zu hör'n, doch kann man ah-
nen,
des Wassers Rinnsal ziehend Bahnen;
zugeben würden's diese nicht,
nie offenbaren ihr Gesicht.

Der Arme weint ganz still im Schrank,
dort ist's zu eng, dort wird man krank,
d'rum gönn' ich mir ein großes Heim,
arbeite viel, bin kaum daheim,
wein' nun zu Hause dann und wann
im Abstellraum und nicht im Schrank.

Denn Stand ist Stand wie Fall ist Fall,
und Bloßstellung droht überall,
ein jeder sich vor dieser schützt,
versucht es, doch wenn dies nichts nützt,
fand jeder in der eig'nen Not
jenen Raum, welcher Zuflucht bot.

Es wusste jeder stets wohin,
groß oder klein, meist eins im Sinn,
der zugewies'ne Platz dem Sohn
vererbt in die nächst' Gen'ration;
Stabilität dem Standeseid,
der Ort gewährte Sicherheit.

Nun zogen vorbei Jahr um Jahr,
sollt' plötzlich nie mehr sein, wie's war,
der Raum im Wandel, g'rad dem Schrank
wurd' letzter Anwert aberkannt;
es wurd' ihm Platz und Würde klein,
der Trau'rer hielt 's Trauern geheim.

Auch wurd' es eng, g'rad in der Stadt,
so gab man Leidensräume ab,
zwar verweist Abstellraum und Schrank
auch heut' noch immer auf den Rang,
die Kammer jedoch ist verweht,
im Zeitgeist, dort nun 's Schränkchen
steht.

Eifersucht

Ein Zyklus in vier Körperteilen

Kehlekopf

Unter dem Kopf ein Kehlkopf liegt,
fühlt sich allein, nicht ernst genommen,
egal was ist, der Kopf, er siegt,
das Großhirn sich Allmacht ersonnen.

Tagein, tagaus, es lässt's ihn wissen,
in Kehles Kopf steigt auf die Wut,
das Großhirn hat gar stets verrissen,
was immer auch der Kehlkopf tut.

Nun reicht es, das Maß, es ist voll,
zu deutlich der letzt' hämisch' Schlag,
der Bloßstellung nicht einen Zoll
mehr, auch nicht einen weit'ren Tag.

So Tod dem König, Königsmord,
wer fasst den Mut und stürzt die Brut,
zürnt dort, an jenem dunklen Ort,
das Kleinhirn gar nicht auch vor Wut?

Das Kleinhirn bekommt auch viel ab,
der Lächerlichkeit Aufgebot,
stets Zielscheibe und nicht zu knapp
Peitschenhiebe, nie Zuckerbrot.

Und ja, das Kleinhirn sehr wohl merkt,
des Großhirns Macht ist viel zu groß,
schon oft plante der törisch' Zwerg
des Großhirns finalen Dolchstoß?

Könnt' funktionier'n, Konspiration,
ein Zeichen der Verbundenheit,
lässt schnell seh'n, 's Kleinhirn wartet
schon,
seit Anbeginn steht es bereit.

Das Kleinhirn führt die Hand, drückt zu
den Kehlkopf, kein Atem dringt ein,
so geht es schnell, Schweigen im Nu,
es ist vollbracht, „die Freiheit mein".

Doch recht schnell wird beiden bewusst,
ein Denkfehler die Rechnung streicht,
die Euphorie weicht schnell dem Frust,
denn auch ihnen die Luft entweicht.

Auge

Ich kann den Mumpitz nicht mehr seh'n,
Mensch glotz doch nicht so dumm,
dreh' Dich doch um, ich fass' es nicht,
könnt' ich, ich brächt' mich um.

„Hey, Großhirn, gib dem Mund Bescheid,
der starrt weiter g'rad'aus",
doch nichts passiert, das Hirn bleibt stur,
„stecht mich doch bitte aus".

So geht es unentwegt voran,
sehen ist nur noch Qual,
niemand steht bei, kämpft mir zur Seit',
in diesem finst'ren Tal.

Kein Schließen durch mich wird erbracht,
brauch' Großhirns Diktatur,
das Kleinhirn reißt da auch wohl nichts,
ist Großhirns Bückling nur.

Ich kann nicht mehr, halt's nicht mehr
aus,
starr' 's Sonnenfeuer an
so lange, bis es mir erlischt,
und ich aufatmen kann.

Doch jetzt, der Hirnstamm steuert's Lid
und schließt es just im Nu,
na besten Dank, wenn ich es will,
hört mir nie einer zu.

Wenn man auf Erden sehen muss,
was ich hier seh' und sah,
ist das, was ich noch sehen muss,
bloß noch Witz, ganz und gar.

Ja, übler Unfall, Grausamkeit
zieht mich nicht mehr in Bann,
wed' Sensation, noch Illusion,
wann kommt's Ende bloß, wann?

Verschon' mich doch, zeig' Gnad' und
Mild',
Blindheit umarme mich,
die Führung im hässlichen Kopf
kümmert mein Leiden nicht.

Sie muss nicht seh'n, was mir gewahr,
suhlt sich in ihrer Pracht,
sie muss stürzen, schwer untergehen,
bereit zur letzten Schlacht.

Nanu, was macht die Hand denn da,
legt an, woran, egal,
macht's unbemerkt, gar spitzbübisch,
ans Großhirn kein Signal.

Frohlockung, Trän' der Freude
stützen die Konspiration,
lass Dich nicht aufhalten, vollbring's,
viva la Rev'lution.

Der letzte Blitz, noch einmal Licht,
ein letztes Mal, leb' wohl,
Du Mensch bleibst Mensch, da hilft gar
nichts,
auch nicht Dein Ethanol.

Die Dunkelheit birgt Frieden, Ruhe,
wie hab' ich sie erfleht,
hat mich der letzte Lichtesblitz
ein letztes Mal belebt.

linkes Bein

Trotz Kraft, als Bein könnt ich bloß
schrei'n,
kann's Evolutions Ernst denn sein?
Bin links, war's immer, nicht geheim,
doch brauch' zum Geh'n das rechte Bein.

Die Nazi-Brut hat nie genug,
von Lügen, Missgunst, von Betrug
und nimmt nun auch noch, widerlich,
die Freiheit mein in seine Pflicht.

Der Rechtsmarschierer neben mir,
arg dumm, von ganz gewöhlich' Zier,
so laut und blöd' stumpfsinnig stampft,
was bis in meine Wade krampft.

Nein, lieber lahm als mit dem Lumpen,
Überrest Urschlamms Abfallklumpen,
dem niederträcht'gen Unterding,
dem Stechschritt-Schergen, Widerling.

Wo ist die Axt, ich trenn ihn ab,
ein kurzer Hieb nur, schnell und glatt,
doch wie bloß, nein, keine Zäsur,
nichts halten kann ich, laufen nur.

So muss er ganz fort, anders nicht,
ich treib' ihn an, als Ehrenpflicht,
obwohl er nur semi-gescheit,
scheint der Rechte noch nicht bereit.

Da ist der Abgrund, weiter, geh,
nun mach schon, brech' Dir sonst den
Zeh,
ziert und ziert sich mit aller Kraft,
kann's sein, dass der mich wieder schafft?

Vorbei, das Ende ist gekomm'n,
nichts gewonnen und doch zerronnen.
Ich leite an, suche den Weg,
mir bleibt letztlich nur die Kreissäg'.

Als sich all's um Resektion dreht,
spür' ich, dass sich irgendwas regt;
hätt' ich ihn, verlör' den Verstand,
strebt über mir die linke Hand?

Großhirn

Keine Lust mehr, die Nase voll,
ich hör' auf, ob dieses Halbwicht's,
das Kleinhirn, dieser Tagedieb,
glaubt ohne ihn läuft hier gar nichts.

Doch wer, verflucht, hier wirklich wirkt,
tangiert ihn wahrlich peripher,
hochmütig schwallt nur, lächelt dumm,
selbstsicher, als ob gar nichts wär'.

Für den Kalfaktor, Tunichtgut,
ist Qualität Grundsatztabu,
ja, jeden Tag das gleiche Werk,
kein Anspruch, Einton immerzu.

Doch ich, der Meister, das Genie,
bringt Leben in den faulen Mob,
und keiner dankt mir, es ist so,
ich schmeiß ihn hin, den miesen Job.

Ordne Chaos, ja, erschaff's auch,
bin überall und stets bereit,
nur laue Hilfe kommt mir zu,
als wären wir gar nicht zu zweit.

Doch geht's d'rum, sich zu profilier'n,
tritt der Giftzwerg ins Rampenlicht,
kommt das Rindviech mir in die Quer',
södert dumm rum und feiert sich.

Zieh' nun den Strich, finito, Schluss,
endgültig aus, nun ist's vorbei,
was mit dem wankelmüt'gen Pack pas-
siert, das ist mir einerlei.

Geschäftsaufgabe, Schlussverkauf, Zap-
fenstreich, Bankrott und Konkurs,
die letzte Reise such' ich aus,
buch' bei Fahrt-doch-zur-Hölle-Tours.

Doch muss es wirken fremdbestimmt,
wie setz ich das denn nun nur um?
Ein Blick hinab, das Ohr geschärft,
Obacht, der Kehlkopf pöbelt rum.

Aufstand, so dämlich wie er ist,
hysterisch röchelt's ihm heraus
und glaubt doch glatt, naiver Tor,
macht hier als Letzter das Licht aus.

Ich lass ihn wirken, lass ihn machen,
verschworen instuier' die Hand,
denn ich, ich werd' zuletzte lachen,
mein Plan geht auf, kein Widerstand.

Als Einziger kann ich nun fühl'n
die suggestiv berauschend' Macht,
drück' nun fest zu, ein letztes Glüh'n,
vollbracht, das war's dann, gute…

fraktionelles IV

Im Brunnen der Amthore

Der Amthor, Phil, der Amthor, Phil ist so beliebt wie ~~Tschernob~~ Schweiger, Til.

Am Tor steht auch Amthor bereit,
des Thor's Grinsen ist schelmisch breit,
weiß wieder nicht wovon er spricht,
dies aber ganz selbstsicherlich.

Geboren am Stettiner Haff,
Rechtsscheitel, bei Geburt schon straff,
grinste er gleich die Mutti an,
die sich fragt' „was hab' ich getan".

„Herr Doktor, ist's Grinsen vielleicht
ein Krampf, in Gesichts Mundbereich,
das geht doch sicher wieder weg?",
„Ich fürcht', 's Hoffen hat wenig Zweck."

Das Thorle, schon als Kind ein Merz,
Mutter frug, war er Wert den Schmerz,
die ersten Worte Muttis Sohn,
Direktmandat und *Union*.

Doch nach und nach 's Entsetzen wich,
nach fünf Jahren schon fing sie sich,
das Mantra „er ist ja doch süß"
wurd' zum mildernden Déjà-vu.

Freilich, war dann der Wein entkorkt,
sinniert „hätt' ich doch vorgesorgt",
auch sagt sie's, wenn sie ihn erwischt',
wenn er der Bettdeck' Lüste fischt'.

Das Thorle hat's ständig gehört',
nicht nur Mama sich an ihm stört,
auch andr're blieben aus Protest
fern, kam er zum Familienfest.

Oft nachts im Hof, dunkel und tief,
ein Brunnen leis' die Mutti rief
„kommt zu mir und wirf ihn hinein,
folgt sicher Dir, ist er doch klein".

Nur wusste Mutti's damals schon,
das Thorle, niemals war es jung,
und durchtrieben, wie es stets war,
wär' ihm der Zweck des Weges klar.

So hatt' es Thorle nie recht leicht,
auch 's angebor'ne Grinsen reicht'
nicht als Unmut'skompensation,
so wuchs in ihm die Philsion.

Ausnehmend hässlich, ungewillt,
gemeint hier nicht sein Spiegelbild,
vielmehr die Jugend heutzutag',
die ihn abwies, ihm stets Tiefschlag.

Der Fortschritt war ihm auch nie Freund,
hat immer von Einfluss geträumt,
ach was, Einfluss, wollte stets Macht,
und sprach der Frau die Gleichheit ab.

„Das Weib, die Hure Babylon,
entsprang Gomorrha und Sodom;
verteil' Rosen zum Frauentag,
vielleicht krieg' ich dann eine ab.

Und nein heißt nein, ach seid doch still,
ich weiß doch wohl, was 's Weibe will",
und da er selbst war ungewollt,
„das Weib jedes Kind gebär'n sollt'".

So furiete er umher,
das Anbiedern fiel ihm nicht schwer,
ob Augustus Intelligence,
wie sowas geht, weiß doch der Jens.

Das Thorle ist recht umtriebig,
doch wählt er, niemals beliebig,
die Posten aus nach Wert und Tat,
sitzt drum im Diözesanrat.

Jurist, Gott's Gnad' und Politik,
die Restauration stets im Blick,
Entenhausen, Stimmengequak',
als misogyner Volksauftrag.

Doch gar nichts half, alt bleibt doch alt,
ist dieses auch jung von Gestalt,
vermocht' das Thorle, charmevergrinst,
nicht, dass auch nur ein Mädel linst.

Da ihm so keines näherkommt,
jagt er lieber Wild, halbgekonnt,
dies lehnt ihn zumindest nicht ab,
setzt sein Dasein nicht so herab.

Er sieht dort nun im Fadenkreuz,
Herz im Takt des Kirchengeläuts,
sich selbst, Blockwart der Union,
alt, weiß und grau ist er ja schon.

Anthropocene Fail Desaster II

„Was war das, Mensch, was sagte er?
Kein Wort versteh' ich bei dem Lärm.
Ich geh' gleich, hab' keine Lust mehr,
soll'n endlich den Pöbel erntfern'.

Verstehst Du auch nur eine Silb'
von dem, was der da von sich gibt?
Der Saal gebärdet sich wie wild,
hoffe, dass dieser nicht nachgibt.

Mehr Kinder als Fachkraftersatz?
Kindsarbeit als Wachstumsgarant?
Hast Du's auch so gehört, mein Schatz?
Na, da bin ich ja mal gespannt!

Was sagst Du, hat er nicht gesagt?
ich hör halt nichts, trotz erster Reih',
alles, was hier nur tritt zu Tag',
ist sinnentleertes Rumgeschrei.

Gauleiter wird Held der Partei?
Nun gut, dacht' halt, die gibt's nicht
mehr,
die Zeit Europas ist vorbei,
wir machen deutsche Kassen leer?

Was meint er jetzt, Mensch näher ran,
das Mikrofon ist abbezahlt!
Wen kriegen wir und wann dann dran,
wer hat sich was wie ausgemalt?

Putin flieht auf der Balkanrout',
sing Volkslieder, Black-Lives-Matter?
Und Bildung tut Deutschland nicht gut,
und wer schickt wen, wann auf die Bret-
ter?

China verlegt Taiwan zu uns,
der Führer hätt' Grenzen gezogen?
Die Presse als entartet' Kunst
ist bis ins Schreiblingsmark verlogen?

Jetzt gibt's den Klimawandel doch,
die Sonn' ist schuld, ist viel zu heiß?
Was war das mit dem schwarzen Loch?
Hört auf zu brüll'n, schmutzig' Ge-
schmeiß'!

Menschengemachte Umdummung;
was soll denn das schon wieder sein?
Dem Haider gute Besserung?
Verflucht! Hört endlich auf zu schrei'n!"

Na endlich Ruh', Konzentration,
jeder Sinn scharf und aufgeweckt,
doch was ankommt ist Ton für Ton
nicht zu versteh'nder Dialekt.

„Was soll das sein, 'ne Sprache nicht,
vielleicht des Vollrauschs letzte Well',
als ob's nicht reicht, der Pinsl[2] spricht
und redet derweil viel zu schnell.

Diese Mundart schmerzt gar noch mehr
als das Geschrei vom tobend' Mob,
wenn ich mich anstrenge, zwar sehr,
versteh' ich ihn vielleicht doch noch.

Heureka, klappt, nun dem Inhalt
die ganze Aufmerksamkeit zu,
was meint er, Bildung braucht Gestalt,
Deutschtum tut jedem Schüler gut?

Das hat der Sachse nicht gesagt,
Deutschtum, wenn man kein Wort ver-
steht,
ist auch energisch der Vortrag,
der Magen sich vor Lachen dreht.

Das ist unmöglich, kann nicht sein,
dass dieser Holzmichel, der Wicht,
das Vaterlande vertritt, nein, nicht,
denn Deutsch ist nur, wer auch Deutsch
spricht!"

Intermezzo
der Traum des kleinen Mannes
„Drum Deutschland den
Deutschsprechenden,
nicht sächsisch, hessisch oder schwab',
und schon gar nicht den bayernden,
weil die nun wirklich keiner mag.

So, ohne aber oder wenn,
s'g'hört aufgeräumt, das Kaiserreich,
vorüber ist ein Volk, ein Reich, denn
bei Leib', sind nicht alle gleich.

So ein Deutschland der Vaterländer,
Muttersprach', die Mütter versteh'n,
ein Fremder bleibt immer ein Fremder,
Du kannst's in jedem Auge seh'n.

Für Grenzen zwischen Nord und Süd,
für Grenzen zwischen Ost und West",
bei einigen kommt's an, es glüht,
„was kümmert mich der leidlich' Rest?".

In Grenzen von achtzehn siebzig",
vom Fortschritt her steh'n wir noch dort,
„erhalten wir uns're Kultur
und führen Traditionen fort.

Die Fahne hoch, die Hymne laut,
dem Feind machen wir den Garaus,
erkannt an der Verrätersprach'",
infernalisch ist der Applaus.

„So muss denn nun das Schwert entscheiden,
im Frieden überfällt der Feind,
darum auf, auf, auf zu den Waffen,
verloren stets war'n wir vereint.

Zögern ist Vaterlandsverrat,
Sein oder Nichtsein uns'rer Macht,
Sein oder Nichtsein uns'res Reich's,
der Väter den Söhnen gebracht.

Von Mann und Ross, besteh'n den Kampf,
wehren uns bis zum letzten Hauch,
gegen eine Welt voll des Feind's,
Heimtücke, Neid, Vertrau'nsmissbrauch.

Vorwärts mit Gott, der mit uns ist,
wie er einst mit den Vätern war*,
uns Gottes Treue ist gewiss,
bringen das größte Opfer dar."

„So lasst mich Euer Führer sein!"

„Hast Du g'rad' gehört, wie der Bernd[3]
so männlich ins Mikrofon hetzt?"
„Was meinst Du, 'tschuld'ge, war ent-
fernt,
ein Tagtraum, pass' wieder auf jetzt.

Jetzt fangen 's wieder an zu schrei'n,
versteh' nicht mal mein eig'nes Wort,
könnt Ihr nicht bitt' kurz ruhig sein,
ansonsten geh ich, bin ich fort.

Wo waren wir, ach ja, der Bernd[3],
wie kommt der jetzt auf Männlichkeit,
nie war sie ihm so weit entfernt,
trägt abends gern auch mal ein Kleid?

Ach so, er hat sie nur verlor'n,
und sucht sie; war sie denn je da?
Auch hat sich Bernd[3] mit Björn[3] ver-
schwor'n?
Bin verwirrt, das wird mir nicht klar.

Seit wann ruft er sich kulturfremd
und steht im Dienst der USA?
Wundert mich, dass er's offen nennt,
dacht', dass er mal andersrum war.

Ist schwach, nicht willens, Minderheit?
Der einzeln' Mensch steht stets für sich,
will er neben Selbst- auch Mitleid,
das kriegt die Heulsus' von mir nicht.

Wovor hat er als blonde Frau,
denn jetzt schon wieder solche Angst?
Ist Volksverderber? Ganz genau,
es reicht mir, Schluss jetzt langsam
langts!"

Epilog
der Traum des kleinen Mannes II
„Wenn ich doch nur das Sagen hätt',
würd' Reinemachen, packte an,
würd' führen, wär' zu Kindern nett,
doch bin ich nur einfacher Mann."

*frei nach Wilhelm II.
Berlin 6. August 1914

Reklamation I

Ich gab Dir alles, was ich hatt'
gab Dir mein Herz, auch Geld und Zeit,
doch nicht genug, 's hat nicht geklappt,
ich bin allein, nicht wir zu zweit.

Reklamation II

So manch einer wird finden, ich verlier',
manchenorts ist Hoffnung, aber nicht
hier,
manche Menschen strahlen,
frohlocken, voller Glück,
ich seh' nur 'nen scheiß Film,
will mein Geld zurück.

Lausig

Immer schön hereinspaziert,
heute wird hier abkassiert,
der frühe Vogel fängt den Wurm,
und wer Wind säht, der erntet Sturm.

Heute hüh und morgen hott,
endlich raus aus all dem Trott,
wie du bist ist super so,
es fährt ein Zug nach Nirgendwo.

Wer nicht will, der hat halt schon,
bitte nicht in diesem Ton,
der Wind, der Wind, himmlisches Kind,
wie schön, ist man vor Liebe blind.

Spieglein, Spieglein an der Wand,
dies ist schließlich unser Land,
früher war mehr Lametta da,
ein Prosit auf das neue Jahr.

Fuchs, Du hast die Gans gestohlen,
sicher ist sie schon in Polen,
so hab' ich das nicht gemeint,
gut ist alles, was sich reimt.

Gendergaga, Wokewahnsinn,
Zukunft hat so keinen Sinn,
früher war doch alles schön,
rückwärts ist doch leicht zu geh'n.

Im Namen des Vaters und
heil'gen Geist's und sei es drum,
auch gleich noch des Sohn's hint'dran,
jeder tut halt, was er kann.

Wer schon hat, der will nicht mehr,
Kapitalismus erklärt,
stille Wasser sind meist tief,
waldaus schallt's wie es rein rief.

Zucker versüßt Medizin,
dem Priester hilft Pervitin,
heiße Sterne leuchten blau,
nachts sind alle Katzen grau.

Morgen ist ein neuer Tag,
wenn Du was nicht weißt, dann frag
oder besser mach' die Welt,
einfach wie sie Dir gefällt.

Träumerei'n sind Schäumerei'n,
Gesundheit und Sonnenschein,
neunz'g Minuten hat ein Spiel,
Nachspielzeit gibt es nicht viel.

Ein Fest, das ist nie verkehrt,
als ob mich was du denkst schert,
Reaktions- und der Bremsweg,
braucht es, bis alles stillsteht.

Tannenbaum, o Tannenbaum,
fröhlich nur nach vorne schau'n,
süße Träume in der Nacht,
welche vom Sandmann gebracht.

Lieber in der Hand den Spatz',
als die Taube auf dem Dach,
nicht alles, was glänzt ist Gold,
das ist, was ich sagen wollt.

Siebenbürgen

I

Wo Wälder undurchdringlich sind,
ein Schloss die Spitzen übersteigt,
und Heulen die Obacht erklimmt,
ist Siebenbürgen nicht mehr weit.

Ein Schatten liegt auf jedem Weg,
so unheilvoll, Du Dich erwehrst,
doch sei achtsam und überleg',
ob Du nicht besser doch umkehrst.

Plötzlich der Wald Dir Stimmen lässt,
warnen Dich vor dem weit'ren Pfad,
Rauschen durch die Nacht und 's Geäst,
begrüßen 's Ende aller Tag'.

Denn im Lande des Vlad Dracul,
des wahren Grafen Dracula,
steht neben Dir stets Beelzebul,
ist der Vampir gerad' Dir nah.

D'rum renne, fliehe, bleib nicht steh'n,
verlasse den unheil'gen Wald,
denn wirst Du den Pfad weitergeh'n,
wirst Opfer Du der Nachtgestalt.

Sag nicht, ich hätt' Dich nicht gewarnt,
dann geh, Törichter, in die Nacht,
hat Dich die Stimme schon umgarnt,
ist es der Graf, der hämisch lacht.

Die Neugier zieht Dich magisch an,
schleichst durch 's Unterholz, auf der
Hut,
und siehst letztendlich dies' Bild dann,
ein's muss man lassen Dir, hast Mut.

II

Und so, unter dem Firmament,
stößt man alsbald, an Baumes Fuß,
auf ihn, der Furcht Meister, Leged',
das ganze Gesicht voll von Ruß.

„Mein Herr, mein Herr, wie geht es
Euch?",
„Lass' mich kurz einen Augenblick",
„habt Ihr des Weg's Euch so getäuscht,
vielleicht war's doch kein guter Trick?

Und auch der Flug gegen den Baum,
vielleicht hat er Euch doch verwirrt?"
„Ich sah ja durch den Ruße kaum
und hab' mich daher leicht verirrt.

Moment, deut'st Du g'rad' recht subtil,
an, als der Baum den Flug abfing
und ich gemäß zu Boden fiel,
mir der Verstand verloren ging?"

„Nein, nein, Meister, wenn Geist ist Gut,
dann kommt dieser nur einem zu,
und der seid Ihr, gar Beelzebub
nimmt Maß an Euerem Statut."

III
„Renfield, Du elendiger Wurm,
wie oft hab' ich es Dir gesagt,
der Rauchablass in meinem Turm
hat sauber zu sein, Nacht und Tag!

Doch nein, für Renfield gilt ja nicht,
was der einzig' bedeutend Stimm'
zu entnehmen ist, keine Pflicht,
also, alles gar nicht so schlimm."

„Ich danke, Herr, auf Knien Dir,
die Seele, mein, springt auf vor Glück,
ob der Milde, die zukommt mir",
„bist Du Stümper total verrückt?

Und Deines Geistes überschlicht,
verstehst Du denn nach all den Jahr'n,
den Sarkasmus noch immer nicht?"
„Oh Meister, kann so viel noch lern'!

Doch frag ich mich, warum derart,
nimmst Du weder Fenster, noch Tür,
warum wählst Du für Deinen Start
denn nur den Rauchabzug dafür?"

„Zwar geht's Dich nichts an, darum nur
erklärt für Plastiksparschäler,
der rote Typ, fett von Figur
kommt auch mit diesem Stunt daher.

Und wie, wie sieht er danach aus,
schau mich nur an, vielleicht wie ich?
Ich komme aus dem Schornstein raus,
die Kleidung schmutzig, wie's Gesicht."

„Was spielt der mit dem langen Bart,
überschätzt, ob der müden Tricks,
rot-weiß gekleidet, so derart
Rolle für Euer Hochgeschick?

Ich weiß doch auch nicht, wie er's macht,
ist viel breiter wie Ihr, mein Herr.",
„Jetzt lenkst Du gefälligst nicht ab!",
„Niemals ich dazu fähig wär'."

Weil wir g'rad' dabei sind, es brennt,
ein Lappen schnell, und zwar recht
feucht,
wer diesen Schmerz so gar nicht kennt,
wird nie erfahr'n, was man nicht
bräucht'."

„Mein Herr, jammernddurchlauchtigster,
ein Lappen? Leider hab' ich den
gerade nicht, ich Philister,
willst' vielleicht mir am Arm mitgeh'n?

Lass mich doch Dir das Auge sein,
und Dich führen zurück nach Haus,
es scheint uns hell der Mondenschein",
„ich halt' die Anbied'rei nicht aus.

Des Wahnsinns fette Beute bist',
geh' wohl an Deinem Arm des Pfad's,
wenn's von jemandem zu seh'n ist,
kann ich gleich frohlocken durchs Gras."

„Ein Hochgenuss wär' das, Meister",
„er hört einfach nie, was ich sag.
Ich tanz' wohl nicht debil umher,
leg' karg mich ewig in den Sarg."

„Meister, bleib mir, ich fleh' Dich an?"
„Schon gut, genug, lass Dich nicht geh'n,
und hilf mir, da ich g'rad' nicht kann,
allein und ohne Sicht aufsteh'n!

IV

Wo greifst Du hin, doch wohl nicht dort?
Ist's des Scheinkabarettist's Ernst,
sag, ist denn Scham Dir nur ein Wort,
dass Du die Hand dort nicht entfernst!

Unter den Arm, da sollst Du zieh'n,
ich fass' es nicht, was läuft verkehrt,
brauchst Dich so auch nicht hinzuknien,
wer hat Dich bloß sowas gelehrt?"

„Nun, Doktor Seward zeigt' es mir,
meistens nicht fair und oft gemein",
„o Geist, Du bist Fleischhülle schier,
die Frage sollt' rhetorisch sein.

Nimmst Du nun bitt' die Hand
geschwind,
sofort, jetzt gleich, ja, ohne Frist,
von meinem Gesäß, töricht' Kind,
das meiner Nerven Ende ist!

Oh, hoffentlich sieht niemand zu,
die Peinlichkeit wäre wohl kaum
auf einen and'ren Höhepunkt
zu bringen, end' bitte Alptraum.

V

Der Wunsch bleibt leider unerfüllt,
denn im Gebüsch großäugig sitzt,
hört wie der Graf außer sich brüllt,
ein Menschlein, wahrhaftig entsetzt.

Weiß nicht, dass er im Radius
Draculas Witt'rung sich befind't,
ein Glück, dass jener Schornsteinruß,
nicht nur das Auge macht ihn blind.

Und g'rad', als Draculs Diener sich
aufrichtet, dem Herrn näher schwingt,
diesem ein Geruch, streng, von Fisch,
durch den Ruß in die Nase dringt.

„Du Schwefelzwerg hast Mundgeruch!"
„Entschuldigt, die Ernährung, Herr."
„Warum frisst Du Insekten bloß,
wünscht', sie wär' ausgewogener.

Nun zieh schon, gut, genau, jetzt geht's."
„Oh Herr, Verstaubtester, famos,
die Ehrfurcht mein, ist Dein wohl stets",
„Ich hab's gemerkt, lass mich jetzt los!"

VI

So folgt der älteste Vampir
des Speichlers Stimme, jedoch mischt
sich der Lauthall des Waldgetier',
dass des Knechts Wort dem Ohr ent-
wischt.

Der Meister schreit „Ruhe verdammt,
Kinder der Nacht, schweigt endlich still;
ja sprech' ich gerad' mit der Wand,
regt denn nicht an, was ich hier will?

Gelächter, haha, sehr witzig;
seht mir ins Auge, Ruhe jetzt!
Erkennt Ihr denn nicht meinen Blick
Gut, mit Ruß ist er recht benetzt."

Unerfreulich war 's Resultat,
denn lauthals sollt' es weitergeh'n,
d'rum wandt' er sich und fragte Rat
bei jenem, der für ihn sollt' seh'n.

„Du Selbstentleibungswunsch, war's
denn
schon immer so schallend und laut?"
„Das Ohr, Meister, ist wacher, wenn
das Augenlicht 's von Ruß ergraut.

Ich komm' näher zu Euch heran,
gemeinsam gehen wir den Weg,
ich red' auch bloß, fass' Euch nicht an",
da verfehlt Dracula den Steg.

„O Glücklicher, das Wasser hat
Euch den Ruß vom Auge gespült,
nun könnt Ihr wieder seh'n, anstatt,
Ihr Euch blind durchs Unterholz wühlt."

VII
langsam, der Frisur entledigt,
richt' sich der Fürst recht zornig auf
und flucht, gänzlich ungebändigt,
heraus, was Ihn aufbringt „Los, lauf!"

Und sehr ernst und gewiss gescheit,
rennt Renfield, wie ihm geraten,
während hinter ihm lauthals schreit
der Meister, sich selbst entraten.

Beim Blick zurück, sehr auf der Hut,
fragt Renfield sich, ob was er sieht,
wie ist's möglich, dass ohne Blut
des Meisters Haupt rotfeuernd glüht?

So wird gerannt, gestolpert auch,
Dornen schneiden tief in die Haut,
es fällt der Jäger, auch der Strauch,
doch schreit's unermüdlich und laut.

„Du elendester Kellergeist,
nichts wert, was man Dir in der Wut,
an Deinen dummen Aufwuchs schmeißt,
Du Trottel bist für gar nichts gut!

Wie wünscht' ich mir Dich störungsfrei,
ich wusste den Zwerg nicht so flott,
das Höchstmaß jeder Ketzerei,
ein gegen mich gericht' Komplott!

Ich ätz' Dir die Synapsen weg,
zieh' Dir den Fornix aus der Stirn,
Geschmeich'le hat Dir keinen Zweck,
entkerne Dir Dein Schleimpilzhirn.

Dein Schäödel wurd' doch aufgefräst,
und dann mit Löschkalk aufgefüllt
oder wurd's gänzlich ausgebläst,
ein Vakuum, ganz schandumhüllt?

Welch' Wette hab' ich nur verlor'n,
dass Deine Gegenwart mir ist,
seit gefühlt hunderten Äon',
was dem Erdlurch war einst die Pest?

Du erbettelst doch Tag für Tag
vorsätzlich Nahtoderfahrung',
komm her, geb' sie Dir Schlag für Schlag,
oder ich bring' Dich gleich ganz um.

Und wenn Du nun glaubst, oh, der Herr,
er schenkt mir ew'ges Leben bald,
dann bist Du amöb, denn, ja, der
Todeskuss, der bleibt Dir stets kalt.

VIII
Reiß' Dir den Nerz von der Pelle,
ritz' Zoll um Zoll die Haut Dir ab,
lass mir Zeit, nicht auf die Schnelle,
pell' ich Dir Deinen Lappen ab.

Du Aushilfskasper, von all dem
Kopfschütteln, dass Du mir abzwingst,
dafür müsst' ich Dich wirklich schäl'n',
hab' ich ein Schleudertrauma längst.

Du Esoterikanarchist,
Du wirkstoffhämmernde Unheit,
der selbst nichts außer Mücken frisst,
bist eine Grundsatzpeinlichkeit.

Mit Deiner Weißwurststrategie
glaubst Du, Du Stammzell'nbajuwar,
dass ich Deinem Schandmaul nicht zieh'
den Lappen aus dem Halspissoir?

Und brunz' Dir Rotzkopf in den Hals,
doch besser nicht, ich fürcht' zu sehr,
dass Dir's gefällt und Du dann schnalzt
und willst dann davon immer mehr.

Du Nichtsnutz, Gerümpel, Abort,
wenn ich Dich in die Finger krieg'
ich Dir, genussvoll, ohne Wort,
erregt 's Rückgrat nach vorne bieg'.

Gegen Dich ist van Helsing nur
ein Rumpelstilzchen, Leihkramer,
nur ein Erzfeindimitator,
nicht des Jüngsten Gerichts Reiter.

Du Kiveling, Schützenkönig,
seit wann rennst Du so schnell, Du
Schab'?
Egal, ich krieg' Dich, wenn nötig,
hack' ich Dir Deine Gräten ab!

Sei froh, dass mein Umhang zu schwer
wiegt, ob des ganzen Schornsteinruß,
ich flög' Dir nicht lang hinterher,
ein Hieb und dann wär' für Dich Schluss!

Bleib steh'n elendiger Feigling,
o Luft, seh' g'rad' nur verschwommen.
sei sicher, dass ich Dich umbring',
potzblitz, bin ganz schön benommen.

IX
Renfield, mein teures Dienerlein,
warte auf mich, es schwindelt mir,
verzeih' Dir auch die Ketzerei'n,
mein Wort d'rauf, ich vergebe Dir.

Ich bräucht' nun wohl doch Deinen Arm,
vielleicht trägst Du mich besser gleich,
ich schleiche g'rad' durch Waldes Farn,
so ich das Schloss niemals erreich'.

Mein alter Freund, sei doch nicht arg,
auch wenn ich manchmal etwas wüt',
weißt Du doch, wie sehr ich Dich mag,
hab ein aufbrausendes Gemüt."

Doch des Meisters Knecht bleibt nicht
steh'n,
rennt weiter, traut dem Braten nicht,
das wär' aber auch viel zu schön,
„das war's, ich falt' Dir Dein Gesicht!

Du brüch'ge Amalgamfüllung
Ich reiß Dich raus und schmelz' Dich ein,
gieß' aus Dir 'nen Prinz-Albert-Ring
und jag' Dich höchstpersönlich rein!"

Arg gestört endet Dein Geleit,
das Schauspiel, Dir viel zu absurd,
der Weg zum Schloss ist auch noch weit,
zu früh für einen Laufendspurt.

X

Du drehst Dich um und schläfst heim-
wärts,
was ist nur gerade gescheh'n,
das glaubt Dir niemand, Hand auf 's
Herz,
das war doch nur im Traum zu seh'n?

Und als Du morgens schweißnass wachst,
fühlst müd' Du Dich und kraftvoll kaum,
war der Traum, den Du träumtest nachts,
denn wirklich nur ein wilder Traum?

Dein Bettzeug und Du selbst seid nass,
aufgebracht denkst Du, wie konfus,
das Spiegelbild nur leichenblass,
ist der Fleck auf dem Hemd dort Ruß?

7. Acedia

Bei allen Heil'gen sein gelobt, Eid Gott, Allah und Zebaoth,
ich leg' mein Leben in die Hand dessen, der mir von Gott gesandt.
Denn was ist Wissen für ein Narr, nur Gott weiß, was ist klar und wahr,
so schere ich mich nicht darum, und bleib' gläubig, unwissend dumm.

Die Frage nach dem Sinn oder, warum hört mir eigentlich nie jemand zu?

„Ein Zwischenfazit an der Stelle, scheint mir wirklich angebracht,
was hast Du Dir denn bei dem Textaufbau eigentlich so gedacht?
Ich habe dies doch alles schon einmal gelesen und geseh'n,
ist's nicht ein wenig frech, genau wie beim letzten Mal vorzugeh'n?

Wenn man die Rezipienten karikiert, ist das auch nicht so schlau,
hast sogar nicht einmal richtig verändert den Geschichtsaufbau.
Ja glaubst Du wirklich, diese Selbstgenügsamkeit fällt keinem auf?
Was Du da kritzelst, findest Du in jedem Schundregal zuhauf!"

„Mir fiel halt g'rad' nichts and'res ein,
war auf die Schnell' der einz'ge Reim."

„Was schreibst Du da schon wieder hin,
nichts von alledem ergibt Sinn;
was hast Du mit dem Wort gemacht,
dass jeder, der's liest, Dich auslacht?"

„Wenn Glocken hell erklingen und der Hebst gülden frohlockt,
ein letztes Mal auf Schwingen, ein Blatt, erdangelockt,
hinabschreitet in edlem Rost, die Welt zart, leise sagt:
„Das war's für Dich, nur Kompost", dann ist ganz klar Dein Glückstag."

„Was meinst Du, was soll das bedeuten, worauf bezieht sich dies denn jetzt?
Ist's möglich, dass Du Dich hier selbst als Dichter völlig überschätzt?
Zusammenhänge sucht man, bei dem, was Du schreibst, wahr vergeblich,
Du schreibst nur wirr zusammen und suchst reim'nde Worte lediglich."

„O, ach, mein alter Ego, Mensch, freue mich, dass Du auch da bist,
denn obwohl ich es nicht so gern' zugebe, hab ich Dich vermisst.
Wie lange bist Du denn schon da, hab' Dich so g'rad' gar nicht bemerkt,
war hochkonzentriert, ganz bei mir, war ganz und gar in mich gekehrt.

Warum hast Du denn nicht einmal kurz auf Dich aufmerksam gemacht,
ich hätte Dich doch, ach so gern, mit meiner Beachtung bedacht.
Nun ist's wie's ist, ändern geht nicht, hast Du denn, seitdem Du da bist,
irgendetwas gesagt, vielleicht was für mich richtig wichtig ist?"

„Wie bitte? Also hast Du mein g'radiges Dasein nicht vernommen,
mich quasi als ein Teil von Dir überhaupt kein Stück mitbekommen?
Ich fass es nicht; ist alles gut, das was ich sprach war nicht wichtig,
Du machst schon alles gut, was ich zu sagen hab' ist eh nichtig."

„Wie bitte? O verzeih mir, hab ein wenig Geduld, bin gleich da,
ganz bei Dir, was ich niederschreib' wird mit Sicherheit wunderbar.
Ein Meilenstein der Lit'ratur, ein Goethe, Shakespeare, Thomas Mann."
„Ja ganz bestimmt, das sagt' ich g'rad', ich geh' dann mal", „Gut, gut, bis dann!"

Kummerkasten

I

Wirf in mich Deine Sorgen ein,
hast so Entlastung Dir verschafft,
ich darf selbstlos Befreier sein,
obwohl ich gar nichts hab' gemacht.

Dir ist es fort, Du dankst mir brav,
reist nun mit leichterem Gepäck,
ich kümm're mich, vertrau mir, schlaf
einfach den Kummer weg.

II

Juchheisa, mir geht's richtig gut,
seht mein strahlend' Gesicht,
der Spiegel zeigt's, gleich ist's soweit,
nur seh' ich's leider nicht.

Egal, was sagt 's Gesicht schon aus,
des Nachts scheint auch kein Licht,
die Sonn' ist auf der and'ren Seit',
doch weg ist sie nachts nicht.

Mir geht's so gut, könnt's laut besing'n,
auf mein Glück ein Gedicht,
doch leider fällt kein Reim mir ein,
denn spüre dies' Glück nicht.

Was ist denn los, hab Arbeit, Heim,
dennoch, die Seel' zerbricht,
sollt springen, tanzen, Freude schrei'n,
doch möcht's eigentlich nicht.

Wie undankbar kann man nur sein,
ins Mark deutschen Ruhms sticht,
des Trolles Leiden, Gaukelei,
bin halt ein Taugenicht.

Schwerdenker

"Schwerdenker? o ja, denke quer und schwer tagein, tagaus,
's zermürbt mich, was mir abverlangt, sehe nun klar dank Telegram
und schrei dies laut heraus."

"Das mein' ich nicht, viel eher, mehr,
manifestiert erschreckend klar,
sich was längst zu vermuten war,
das Denken fällt Dir furchtbar schwer.

Versuch's mir zu erklär'n, vielleicht möchte ich's ja nur versteh'n,
dem einen Schreihals glaubst Du, den Gelehrten jedoch nicht?
Vernunft kann Glauben nicht belehren, ich weiß, doch was berechtigt Dich,
zu beanspruchen klar zu seh'n, doch offenkundig Wahrheiten irrwitzig zu verdreh'n?

Wohin ist Deine Ehrfurcht, Selbstachtung, Würde, Respekt,
Demut vor dem Mysterium, den Phänomenen allen Seins, sie alle zu ergründen?
Doch all das weckt in Dir nur Zorn und Hass mit welchem Zweck?
Ist's nicht der Menschheit Größe Wissbegierde zu entzünden?

Erkennst Du wirklich nicht, wohin sie führt, Deine Vision,
die aus Lügen und Hass Glauben macht bis zur Religion?
Bekenntnisse zur Spaltung, ein verschlingender Malstrom,
bist Straßenschlächter einer verbitterten Wahnunion.

Zorniges' Kind im Sandkasten weinst laut der Schaufel nach,
die eine üb'le Diktatur Dir nahm, ja dies ganz ohne Scham und Dir trotz Schrei'n nicht
zurückgeben mag.
Nun gut, schlugst mit ihr andere, aus Neid Dein erste Schlag,
doch schert's Dich nicht, denn Dein Wesen verlangt dem and'ren ab eine Verstärkung
Deiner Klag'.

Was deinesgleichen ungeniert lauthals der Welt androht, im Schutz des großen Narren-Heer', markiert nicht nur Dich, es jagt Deinem Kind als Schamesröte hinterher.
So achtungsvoll, wie mir nur möglich ist, bitt' ich Dich sehr,
denk' an die Folgen für Dein Kind, obwohl ich sehr wohl weiß, das Denken fällt Dir furchtbar schwer."

Entscheidung

Jeder Schritt ist schwerster Gang,
nicht wissend, wo das Ziel,
ich zu oft wankte, zu oft schwankte,
zu oft stürzte, fiel.
Will Buße tun, trug Last mit mir,
zu schwer die Bürd' mir war,
so geh' ich, schwer gebeugt das Kreuz,
gescheitert ganz und gar.

Weder Hoffnung noch Zuversicht
geleiten meinen Weg,
erfleh' ich sie doch jede Nacht,
wenn zur Ruh' ich mich leg.
Doch kein Erwachen offenbart,
was ich mir so erträumt,
dass Mut und Glück sich mir erschließen,
Hindernisse räumt.

Nun erkenn' ich's, fürchte mich,
fürcht', dass ich nicht weiter kann,
muss trotzdem vorwärts, einsam voran,
nichts schließt sich mir an.
Im Dickicht such' ich, im Verborg'nen,
in Wäldern, bergisch Höh'n,
such' demütig und ehrfürchtig,
mit all'm mich auszusöhn'.

G'rad' dieser Weg verlangt von mir
zu lassen hier zurück,
die Last, die ich nicht tragen kann,
die Last, die mich erdrückt.
Die Last, die mir das Größte war,
die ich hatt' ach so lieb,
die Sonne bloß durch sie ging auf,
doch letztlich Schmerz nur blieb.

So lebe wohl, Du Leben mir,
Du Essenz meiner Welt,
Dein Stern leuchtet mir, so bitt' ich
hinauf zum Sternenzelt,
dass Segen, Pracht und sämlich' Gunst
fallen auf Dich herab,
doch ich kann nicht mehr bei Dir sein,
befrei' Dich, bieg' hier ab.

Das Unding

Gar weisen Worten lausch' ich hier,
flüstern mir im Geheim',
erklären, wie die Welt liegt mir
zu Füßen, nimm sie, Dein.
Doch achte immer stets darauf,
dass Du Dich nicht verirrst,
nebst Lebens fließend' Wasserlauf,
das Ufer Übel birgt.

So will ich folgen, Dir vertrau'n
und hören auf Dein Wort,
doch irgendetwas, dort im Grau'n,
reißt mich just von Dir fort.
Das Unding ist's, es greift nach mir,
mich wehr'n vermag ich nicht,
versuch zu flieh'n vor dem Untier,
doch alsbald fasst es mich.

Ich zet're, bett'le, `s in mir brennt,
vergebens, keine Mild',
das Unding kein Erbarmen kennt,
verzweifle, strample wild.
Es ist gescheh'n, gibt kein Zurück,
lauert Dir stets am Wegesrand,
hat mich der Lebenswelt entrückt,
das Unding, auch Gefühl genannt.

Der wahren Trägheit wegen

Er stand letztendlich vor der Tür,
konnt' sich dazu bewegen,
trotzdem sprach nur wenig dafür,
den Finger zu erheben.

Die Wartende war attraktiv,
doch ihr Wunsch ihm entgegen,
hieß Anstrengung und Arbeit,
noch konnt' er sich's überlegen.

Was er wollte, war sonnenklar,
vielleicht etwas verwegen,
doch sie plante schon Jahr für Jahr,
das wollt' er nicht erleben.

Sei's drum, es hat halt nicht geklappt,
entschied sich so dagegen
und schritt den Weg wieder hinab,
der wahren Trägheit wegen.

Selbstmitleid

Alles scheiße,
lasst mich in Ruh',
damit ich mir selbst leid
tuen kann,
sonst denkt ja keiner d'ran!

Beichte

Der Tempel der Barmherzigkeit
biet' Seelenhalt, wenn's in mir schreit,
und wenn in Seelenschmerz erfleht,
erwartet er nur ein Gebet.

Glaubensbekenntnisse bei Nacht
versprachen Lind'rung, nie erbracht,
musst' dafür nur, in Nachtes Stund',
ihm darbieten den Sündermund.

Doch wenn ich dann weinend beschwör'
Mild' in Sakristeis Nadelöhr,
weiden sich Fratzen am Triumph,
zug'wandt nächst' Gebet's Niederkunft.

Ich bitt', o Herr, auf meinen Knien,
verlang' nicht, knie'nd weiterzuzieh'n,
lindere meinen Seelenschmerz,
gib Hoffnung mir, brich nicht mein Herz.

Doch brichst Du alles, was noch bleibt,
verlässt mich im Antlitz des Leids,
und als sich mir öffnet der Schlund,
entlässt's Geifer mir in den Mund.

Auch am siebten Tag wurd's Gebet,
mir unsanft an den Steiß gelegt,
denn Gottes Diener ruhen nicht,
erfüllen täglich ihre Pflicht.

Nächstenliebe wurd' jede Nacht
mir als Abendmahl dargebracht,
und Gott verließ mich immer dann,
wenn die Prozession begann.

Bring' so in dunkler Stund' mich um,
still endet das Martyrium,
kein Gott, kein Heiland steht mir bei,
entweiht durch mich, die Sakristei.

Ein rotes Rinnsal nun umschließt,
was Gottes Schöpfung zurückließ,
mein Opfer sühnt so Eure Schuld,
das Ende ich für Euch erduld'.

Kein Abendmahl, nur Morgenstund',
nicht Reue nach dem Sünderfund,
ein Sakrileg am heil'gen Ort,
verdammt die Seele immerfort.

So esst mein Fleisch und trinkt mein Blut,
vergib mir, Vater, meine Wut,
die ich Dir, Vater, hab gebracht,
und Schande somit Deiner Pracht.

So ist die Hölle mir gewiss,
Trägheit des Herzens Sünde ist,
als Sündenlasten mich verzerr'n,
hält mich 's Trostlicht des Morgenstern'.

Tradition

Das dritte Mal hat 's nicht geklappt,
doch irgendwie muss es doch geh'n,
ein Mann, der Holz zu Kleinholz hackt, .
als Flamme Herren' Holz' zu Leh'n.

Ein viertes Mal, gleich ist 's soweit,
nun wird es, muss es funktionier'n,
vorbei nun die Werksheiterkeit,
„Will das Drecksstück mich bös' brüs-
kier'n?"

Ein fünftes, sechstes, siebtes Mal,
„Nun komm schon, du verfluchter Block,
liegt ganz bei dir, du hast die Wahl,
aus dir mach ich schon noch 'nen Stock."

Auch nach dem achten wird es nicht,
das neunte führt im Kreis herum,
doch weiter und weiter er drischt,
der Rücken und der Schaft längst krumm.

Auch Worte, die Würde erfleh'n
verschallen wirkungslos im Wind,
es ist schrecklich mitanzuseh'n
wie sich die Sturheit bloß benimmt.

Giftgalle speit heraus der Hass,
lauthals die Suche nach der Schuld,
hackt weiter ohne Unterlass,
„Das war's, Ende meiner Geduld!".

Doch Wüten ohne Unterlass,
das zehnte „Ich mach' alle kalt!",
das Holz verweigert boshaft 's Maß,
„Ich brenn' nieder den ganzen Wald!"

Und wenn er nicht gestorben ist
Oder erschöpft darniederliegt,
dann hackt er wohl noch solang', bis
die Erde sich gerade biegt.

Amüsant wär's, wär' er allein,
und hackte blickfern, rumpelnd, stumm,
doch zieht er zu gern mit hinein,
und tobt anziehend wild herum.

So tickt die Uhr friedlich im Takt,
zeigt Stund' um Stund' Vergänglichkeit,
doch der Destruktion Zwischenakt,
bald ganz allein bestehen bleibt.

Wankelmut

Muss sturmgleich durch die Gassen
hasten,
doch die Ampel, mir zu Lasten,
scheint diesen Wunsch mein nicht zu
scher'n,
ihr schnell den Rücken zuzukehren.

Bloß die Ampel, rot bleibt sie,
mir droht die Eile wie nie,
die Synapsen ganz zu verglüh'n,
doch diese Ampel wird nicht grün.

Unbescholten wie ich bin,
treibts mich doch nun zum Bösen hin,
Ordnung, tat immer, was ich sollt',
jetzt aber; habt 's nicht anders g'wollt.

Erregt, fiebrig, wie ich g'rad' bin,
betret' den Asphalt halbgeschwind,
gar nicht entschlossen, rigoros,
hochüberspannt renne ich los.

Kakophonie, ein letzter Reiz,
Lebens Abspann, Kind wird zu Greis,
ohne Absprache bricht der Harn,
werd' vom Caravan überfahr'n.

Nur kurz die Ohnmacht und sodann
komm ich an jenem Orte an,
bin sicher sogleich, das wird teuer,
doch schlimmer noch, das Fegefeuer.

Wie war's gleich noch, handelsbereit,
konnt' nicht sondier'n, schon war's
soweit,
wer nimmt gleich noch alles geschwind,
wenn nur der schnöde Mammon stimmt?

Steh gramgebeugt, irdische Schand',
die Panik zerrt aus dem Gewand,
den letzten Rest verblieben' Geld,
zu schau'n, wer 's korruptionsgewillt.

Und da erscheint mein Endgericht,
um Kopf und Kragen wind' ich mich,
schieb' die Schuld in jedweden Schuh,
zwinkert mir da gerad' Gott zu?

Nicht verborgen, jeder versteht,
was da gerade vor sich geht,
der Teufel entsetzt raunt Gott zu
„bei dem bist wohl der Richt'ge Du".

Steck' ihm in grober Offenheit
den Rest zu, mir so nichts mehr bleibt,
dennoch bin ich beseelt vor Glück,
erwarb vom Himmel mir ein Stück.

„Dieser Vergleich heißt Himmel Dir,
er wartet schon, komm folge mir",
doch was ich dort bald sehen musst;
wär' niederg'fahr'n, hätt' ich's gewusst.

Zum Willkommen stand stramm Spalier
des Christen Sinnbild, derer vier,
Kramer und Luther standen da,
auch Ratzinger und Wojtyła.

„So Tausendkünstler, Beelzebub,
Antichrist, Luzifer, genug,
bitt' lass mich doch zur Hölle fahr' n,
und mich entflieh'n des Himmels Wahn.

Mach was Du willst, bin, ja, ganz Dein,
hab vielleicht auch noch einen Schein,
bitte, halte es hier nicht aus,
kriegst alles, holst Du mich hier raus!"

„Du wetterwendisch Jammerlapp',
willst würdelos zu mir hinab?
Du kaufst und verkaufst Dich zu gern,
bist schon richtig beim Himmelherrn.

Dort Deinesgleichen steht Dir bei,
alles ist Ihnen einerlei,
Dir Freund heut', morgen Meuchelmord,
kein' Pfifferling wert deren Wort.

Ein letzter Rat, er kostet nicht,
erblickst' der Ränke Angesicht,
schau Dich stets um, sei vorsichtig,
was Dir leuchtet, ist nicht Dein Licht."

Bei uns im schönen Bayern II
Der Hubertus, der Hubertus, zeigt sich gern ~~mit dem Hitler-Gr~~ im Gespräch konfus.

Diee daa woo leehrneen müüßen,
Doihtsch zuu kööhneen

„Was ist es denn, nun sage schon,
ist es ein Mädchen oder Sohn?".
„Mensch Weib, jetzt frag doch nicht so
dumm,
kenn' noch nicht einmal die Gattung.

Und weil Du mich g'rad' so anschaust,
schließ' ich eigentlich den Menschen
aus",
„was meinst Du damit?", „eins ist klar,
warst nachts dort, wo auch ich oft war!

Das Putzen ist dort Deine Pflicht,
sonst ist der Stall tabu für Dich,
und dass Du jetzt gar offenbar
nachts hinschlichst, ist nicht hinnehmbar!

Du weißt genau, was darauf folgt,
glaub mir Weib, hab' es nicht gewollt,
und der ohne Schuld wirft den Stein,
Du weißt sehr gut, Strafe muss sein.

Denn wer nicht hören will, muss fühl'n,
zeig' was es heißt im Stroh zu wühl'n,
warte bis Du nach Hause kommst,
dass Du Dich hier noch recht gut
schonst".

Und wieder an den Arzt gewandt,
dem solche Junge sind bekannt,
„auch wenn es schwer im Magen liegt,
das ist schon Ihr Kind, das dort quiekt.

Sehen Sie doch in sein Gesicht,
nein, diese Seite mein' ich nicht,
dort vorn, und es ist unumstritten
Ihnen aus dem Gesicht geschnitten.

Jedoch war wohl in dem Stammbaum
für freien Verkehr recht viel Raum,
ja, manchmal überspringt dann schon,
ein Erbfaktor 'ne Gen'ration".

„Was soll das heißen, sagst Du da,
ist Vati gar nicht mein Papa?",
„es zuzuordnen fällt mir schwer,
es tut mir leid, Herr Aiwanger".

„Vielleicht lag es ja an der Höh',
und dann noch Sommer, um den Dreh,
so dass Dein Hirn und auch Dein Sam'
zu wenig Sauerstoff bekam."

„400 Meter? Ach woher,
obwohl, ich atme schon recht schwer,
besonders, bin ich dann im Stall",
„beim Ausmisten?", „auf jeden Fall".

„Wie soll es denn nun weiter geh'n,
der wird nie was, mit dem Ausseh'n,
und wie er grunzt und quiekt und bläkt,
Abtreibung?" „Fürcht', das ist zu spät."

„An meinem Trog wird's sich nicht trän-
ken,
was soll'n da bloß die Nachbarn denken!?
Wie könn'n wir nur von uns ablenken,
uns schützen 's Familienandenken?

Erstmals geht's auf die Weide rauf,
unter Rindern fällt er nicht auf,
doch später weiß ich nicht so recht,
aber bei mir wird er nie Knecht!"

„Einen Beruf, wo man nichts braucht,
talentfrei ist, ahnungslos auch,
wo's hingeht, wenn einem nichts liegt",
„dann schick ihn in die Politik".

„Den nimmt doch keine Partei auf,
charmant wie ein Gülleblauf",
„aber Politik wär' schon fei",
„bring ihm erstmal das Sprechen bei".

So nach und nach wuchs er heran,
von allen nur Hubsi genannt,
mit acht dachte der Vater dann,
vielleicht braucht er 'nen richt'gen Nam'.

Oarsch, wie Vati ihn stets ansprach,
kam für die Mutti nicht in Frag',
„dann lass uns doch Hubsi verwenden
und an ihm nicht mehr Zeit
verschwenden".

Aus Hubsi wurde Hubert so,
verließ mit neun das Rindviechstroh,
bezog die Hundehütte,
die der Hund ach so gern hätte.

Die Existenz nahm ihren Lauf,
auch in der Schule gings bergauf,
hier Judenhass, da Fremdenhatz,
egal, dem Hubsi wird's nie blass.

Letztendlich, nach seiner Schulzeit,
war er mit dreißig dann bereit,
die deutsche Zukunft einzufrieden,
in Grenzen von neunzehn drei sieben.

„So nun schnell in die Politik,
wird sonst noch Kremls Bolschewik,
es gibt halt das alte Problem,
wer ist so blöd, ihn aufzunehm'n?"

Wo tritt denn die Intelligenz,
eher auf als Niedrigfrequenz,
bei wem reichts g'rad' noch für den Sohn,
Mami und Papi suchen schon.

„Die NSDAP jeher",
„Mensch Vati, die gibt's längst nicht
mehr",
„die NPD, was sagst' zu der?",
„die machen doch auch nichts mehr her".

„Die AFD ist doch bekannt",
„nein, da versteht ihn doch niemand",
„die CSU, sonst ja nichts bleibt",
„hat sich der Söder einverleibt".

„Die Freien Wähler", „nie gehört",
„dort sind wirklich alle gestört,
da passt der Hubsi ganz fein hin,
dort macht allein der Wahn noch Sinn".

„Na gut Weib, dann soll es so sein,
dann hol mal den da draußen rein:
hör zu, da aus Dir ja nichts wird,
sagen wir Dir, was jetzt passiert.

Du wirst der Chef einer Partei,
was sie will ist ja einerlei,
da bist Du unter deinesgleichen,
und Dein Talent wird sicher reichen.

Nun pack, für alle ein Glücksfall,
ich muss gleich schnell noch in den Stall,
und üb' das Sprechen immerfort,
denn sonst versteht man nicht ein Wort."

Und so geschah es, Hubsi Heil,
die Karrierekurve war steil,
und all das ganz ohne Talent,
Können und Wissen, konsequent.

Auch Haltung, Anstand und Geschick
gab's nicht, trotzdem brach nicht 's
Genick,
sprach was er dachte frei heraus
und erntete auch noch Applaus.

All das gefiel den Voralpfeen,
konnten nebst ihn nur Gott versteh'n,
machten die Aufklärung zunichte,
der Rest, der Rest ist Geschichte.

Was nützt's, aufrecht zu geh'n?

Das Wunder der Evolution bringt Seltsames hervor, die Kron'
jedoch hat sich der Mensch verlieh'n, konnt an all'n Wesen vorbeizieh'n.
Und der Krönungsindikator war Schläue, wie sie nur kommt vor,
beim Menschen und sonst nirgendwo auf Erden oder anderswo.

Versäumt wurd' folgend nachzumessen, man hat quasi bewusst vergessen,
Entwicklungen einzubezieh'n, die Krone war ja schon verlieh'n,
doch im Verborg'nen, anonym, wollten Gelehrte nachvollzieh'n,
ob dieses alte Ruhmesblatt nicht doch einige Risse hat.

Es wurd' gemessen und befragt, Groß und Klein, Jung, Mittel, Betagt,
so bildeten die Disziplin', alsbald die Messkategorien.
Nach Jahr und Tag war's dann soweit, die Daten, sorgsam aufgereiht,
waren eindeutig und präzis', was leider nichts Gutes verhieß.

Irrtümlich deutlich überschätzt, wurd' der Mann völlig falsch gesetzt,
so wurden ganz neu zugeteilt, Arten nach derer Fertigkeit.
Es kam dann, wie es kommen musst', was die meisten Frau'n schon gewusst,
man wies auch wissenschaftlich nach, der Mann 's an Fertigkeiten schwach.

So ging es recht schnell, Stück für Stück, die Aufstiegsskala weit zurück,
bis zur Position, die Mann teilte, mit der Seewesp', die dort verweilte.
Das direkte Maß sollt' entscheiden, wer aufsteigt, wer muss dort verbleiben,
wer schafft den Evolutionssprung, wer verliert bei der Einstufung.

Der Mann verharrt oft leer und steif, gebärd't sich meist äußerst unreif,
die Wespe gleitet elegant durchs Meer und dies tiefenentspannt.
Nur die Wespe hat einen Schirm, zwar haben beide kein Gehirn,
also kommt's letztlich darauf an, was ein Jedes Besond'res kann.

Was kann der Mann besonders gut, worauf nur sein Wesen beruht?
Man konnt' keinen Messwert erheben, der darauf könnte Antwort geben.
Die Seewespe doch überzeugt, ein jeder Mann sich hilflos beugt,
wenn's Nesselgift intravenös, wird todbringend ihm eingeflößt.

Somit stand nun der Sieger fest, der Mann wurd' zum Artenasbest,
während die Seewespe aufstieg, der Mann rangabwärts wortlos schwieg.
Der Wert aktualisiert, so teilten Mann und Schwamm ein Niveau,
erkennbar die Affinität, er sich wie der Schwamm kaum bewegt.

Jedoch fragte man sich zurecht, wird dieser Rang dem Schwamm gerecht,
ist er dann doch falsch einsortiert, sind Fertigkeiten falsch markiert?
Unlängst wurde so angeregt, zu prüfen, denn es ist belegt,
der Schwamm, er ist Putzhilfe, weich, beim Mann's nicht einmal dazu reicht.

... dem deutschen Volke

Komm ich heut' nicht, komm ich halt morgen, vielleicht aber erst übermorgen,
denn Schnelligkeit hat seinen Preis, den hier leider gar niemand weiß.
Die Ignoranz, nicht mal verborgen, auch euren Kummer, eure Sorgen,
kümmern uns, falls, nur peripher, tun einfach so, als ob nichts wär'.

Was Einsatz ist, hab's mal gewusst, zur Analys' fehlt mir die Lust,
teil' mir die Arbeit ein, gescheit, zur Selbstaufgab' bin nicht bereit.
Denn du willst ja etwas von mir, darum stehst du vor meiner Tür,
also zeig, wie es angebracht und deiner Rolle zugedacht.

Der Kühlschrank leer, ein hungernd' Kind, was glaubst du, wo wir denn hier sind,
die Unicef, die ist nicht hier, erwarte mehr Respekt von dir.
Stopp, Stopp, wir sind hier nicht beim Du, das Duzen, das steht dir nicht zu,
Benehmen ist das was dir fehlt, dieses brauchst du viel mehr als Geld.

Also, dir reicht nicht einmal mehr, was ich dir gebe, komm mal her,
andere würden knien vor Dank, hätten sie nur einen Kühlschrank.
Da muss man halt mal sparsam sein, im Regal lassen Bier, auch Wein
und Rauchen, all das braucht man nicht, ja, auch Du musst üben Verzicht.

Die Arbeitssuche, wie läuft die, du brichst wohl gar nichts über 's Knie!?
Gibt's Schulabschluss, Arbeit gehabt? Mit 50 wird's bei dir schon knapp.
Aus welcher Branche kommst du her, hier stehts, Elektroingenieur,
wenn du kein Angebot erhältst, liegt es vielleicht an einem selbst.

Ach Langzeitkrank, gar Depression, wie oft hatte ich das hier schon?
Auch ich bin manchmal nicht gut dran, stell ich mich denn dann gleich so an?
Du weißt schon, was ich damit mein', Geschichten können schläfrig sein,
die Arbeit hier ist auch 'ne Last, womit man sich täglich befasst.

Von mir bekommst Du kein' Zuspruch, wen wundert der Zusammenbruch,
der brav und eifrig schaffend' Mann, hat keinen Wert, solange man
deine Faulheit mit Gold belohnt und dich vor Sanktionen verschont,
welch' Vorbild bist du deinem Kind, hoff' dass es nicht deinen Weg nimmt.

Erbärmliches Schmarotzerpack, hoff' g'rad', das hab' ich nur gedacht,
egal, ihr seid an allem schuld, langsam verlier ich die Geduld.
Für unsereins heißt's stirb und friss, hätt' besseres zu tun, gewiss,
doch ich schlag' mich mit dir herum, da sagst du nichts, da bleibst du stumm!?

Man selbst schuftet tagein, tagaus, währ'nd and're sitzen nur zu Haus',
und was am Ende rumkommt gleicht Deinem Geld, was Dir gar nicht reicht!
Für mich ist es so arrogant, was Deine Ford'rung anbelangt,
hast dich frech nicht bemüht, bequemt, dein Antrag, der ist abgelehnt.

Postpendenz

"Wenn wir jene bestrafen, die sich lieben, was sollen wir mit denen machen, die einander hassen?"

Peisistratos (ca. 600 v. Chr. – 528/527 v. Chr.)

Was war zuerst, Huhn oder Ei, letztendlich ist es einerlei,
mit dieser Frage und Geduld, lenkt der Mensch ab von seiner Schuld.
Er zieht den Prozess ellenlang, doch eines Tages wird man dann
den Menschen auf sein Schafott ziehn; kommt ihm dann zu, was er verdient?

Ausklang

I

„Wie *abgelehnt*, ist's was ich denk,
mir großem Meister kein Geschenk?",
„ich fürcht', Du siehst das allzu recht,
der Ausgang ist für Dich recht schlecht".

„Und was hältst mir vor, bin ich
etwa für all's verantwortlich?",
„Du hältst für all das den Kopf hin
und gibst so deren Handeln Sinn!

Zu hoch ist ihm Metaphysik,
drum nimmt er alles, was er kriegt,
ob Tyrann, König oder Gott,
ihm ist's egal und Dir bankrott."

Und als Gott langsam nachvollzieht,
den Blick auf seine Schöpfung lenkt,
ist er ob dessen, was er sieht,
erneut und ausreichend gekränkt.

Im Geist er Adam bittend zwingt,
mit Stimme, die gar grausig klingt,
dem gier'nd Blick Eva zu entzieh'n
und sich gefälligst hinzuknien.

Zieht ihn an beiden Ohren dann,
damit er auch genau hinhört,
näher an den Altar heran,
dort Gottes Wort ihn streng beschwört.

Und Mephisto, gequält er spricht,
„der Herr versteht es einfach nicht…".

II

„Ich glaub es nicht, Du bist noch da!?",
„sagt' Mami einst zu dem Papa,
nachdem er gottgläub'g Schand' ihr tat,
und sie nicht um Vergebung bat".

„Warum mischst Du Dich hier jetzt ein,
reicht's nicht, dass Adam rumhurt, nein?
Wie soll er denn um Gnade fleh'n,
willst auch Du mich g'rad nicht ernst-
nehm'?

Und was soll diese Bemerkung,
warum grinst Du denn so dumm rum?",
„nur geistliche Analogie",
„mal ganz was Neues, Blasphemie".

„Ich weiß nicht recht, vielleicht ist das
was Du dem Menschen bringst, den Hass,
entmündigend' Entmutigung,
brauchen wohl eher Aufmunt'rung."

III

„Der Mensch war einst dem Atom gleich,
ein Wunder, eigenschaftenreich,
doch hat die Spaltung mitgebracht,
ein Unheil, dass ich nicht bedacht.

Hab's gut gemeint, halt schlecht justiert,
es zu schnell Hemmungen verliert,
und kommt noch Alkohol hinzu,
dann trau' ihm besser alles zu.

Geifernd gelallt, tollwüt'g geschäumt,
im Vollrausch Vögel abgeräumt,
hinterm Zelt einmal reingeschossen,
und gleich beim ersten Schuss getroffen.

Ja, die Physik, da lief was schief,
Anziehungskraft ist relativ,
so dass der Stängel aufrecht bleibt,
auch wenn sich all's zur Erde neigt.

Der Mechanismus sich zu teil'n
und wankend dann zur Nächsten eil'n
ist ausbaufähig, weiß sehr wohl,
die Rüb' entkernt, von innen hohl."

„Der Schütze, o ja, sehr lustig,
umnachtet im geist'gen Dickicht,
was hast' Dir nur dabei gedacht?",
„glaubst Du, hab' das extra gemacht?

Benehmen wie ein kleines Kind,
doch saufen wie ein Feldhamster,
genauso wie ein Kiveling,
im Wettkampf ganz klar stets stramms-
ter".

IV
„Fragst Dich, wie's zu all'm kommen
konnt',
Du bist 's Vorbild, was sag' ich Dir?
Dem Gift, das Du hier so versprühst,
steht der Mensch unten Ehr'nspalier."

„Selbstüberschätzung ist ihm Pflicht,
Milde und Güte eher nicht",
„denn wurd' 's Weib wieder schwer ver-
drosch'n,
kommt's in Deine Kirche gekroch'n.

Und dort, an Lettern viele, doch,
der Inhalt schließlich fällt dennoch
recht mager, gar sinnentleert aus,
in Deinem heil'gen Gotteshaus."

„Sie springen, glauben sich im Tanz
des Selbstvertrau'ns, doch hampelt hier
die Kasperei der Arroganz",
„das haben sie dann wohl von Dir.

Absolution als Glaubenslohn,
Schützenverein Institution,
der Vollrausch und ein kleiner Klaps,
vergessen macht's der nächste Schnaps.

Nachdem gehetzt und erniedrigt',
das Nationale ergiebig
besungen und beheilt, beschrie'n,
wird tags d'rauf in der Kirch' verzieh'n.

V
Natürlich, formuliert man's sacht,
ist Dein Konzept nicht durchgedacht,
versteh', dass Du am Mensch' verzagst;
dennoch, hab Mitleid, falls Du fragst."

„Erinnere mich, sagt'st einst richtig,
die einen sind bedeutungslos, der Rest
nimmt sich zu wichtig;
verwechseln permanent und ganz
Selbstachtsamkeit mit Ignoranz.

Sie glauben, and're Sehens nicht,
denn wissen war ihm niemals Pflicht",
„und jener, welcher nicht viel weiß,
muss alles glauben, wie es heißt".

„Verstehe, worauf du abzielst
und unverhohlen g'rad' anspielst,
Deine größt' List, detailverliebt,
ein Niemand glaubt, dass es Dich gibt.

VI
Wenn sie nur wüssten", „woll'n sie nicht,
sei froh, verlierst sonst Dein Gesicht,
denn wüssten sie von deinem Hohn,
wär's das mit Deiner Religion".

„Sie ist mir doch schon längst genommen,
wo bloß all die Götzen herkommen,
die Konkurrenz wiegt ach so schwer,
wo kommt etwa der Glückskeks her?"

„Jaja, da saß mir wohl der Schalk
Im Nacken, welche Urgewalt,
war machtlos des Schabernakel',
wirtschaftlich war's ein Debakel.

Ich wusste seinerzeit doch nicht,
dass er Verkaufsrekorde bricht,
wär' mir die Frucht vorhergesagt,
hätt' ich ein Patent beantragt."

„Der Teufel ist's, der aus Dir spricht",
„buchstäblich",
„und mehr sagst Du g'rad' dazu nicht?",
„nicht wirklich.

Die Gottesfurcht ist schwer verstaubt,
die einst'ge Inbrunst aufgebraucht,
Glaube Kosten-Nutzen-Rechnung,
ein Glückskeks reicht, so sei es drum".

VII
Mal nicht den Teufel an die Wand",
„ich denk', ich käm' dort recht gut an",
„ach, lass das sein, das mein ich nicht,
die Eulenspiegelei war schlicht".

„Arbeit' dann wohl noch etwas dran",
„na wenn Du glaubst, 's wird besser
dann;
verflucht, jetzt lenk nicht wieder ab,
und komm' von dem hoh'n Ross herab".

„Du bist mir doch als ew'ger und auch
längster Freund manchmal suspekt;
der immerwährend' Freundschaftshauch
erfüllt gerad' noch welchen Zweck?

Wie Du Realitäten auf den Kopf stellst als
Mehrheits-Theist;
prüf' daher sehr genau das Merkmal,
an dem Du die Wahrheit misst.

Von Dir muss man nicht viel erfahren,
um alles über Dich zu wissen,
was Du herbeiziehst an den Haar'n
verteidigst' Du stur und verbissen.

Es ist halt da, 's Anthropozän,
sollt'st Dich bemüh'n, es zu erhöhn,
doch seh' ich nur verzweifelt' Trän',
anstatt Dich mit ihm auszusöhn'.

VIII

Ⓝicht Zorn tötet, sondern das Lachen",
„Natürlich Nietzsche; der war Pflicht.",
„ein Lachen kann Brände entfachen,
der Zorn jedoch höchst' glimmend'
Licht".

„Der Weisheit letzter Schuss, hab Dank,
und Glückwunsch, trafst mein blutend
Herz,
erst der Mensch, jetzt machst Du mich
krank,
hab' Mitleid doch bei all dem Schmerz!

Nun ist's vollbracht, ich bin am End',
ein Häufchen Elend nur noch hier,
ich muss abspringen, flüchten, fort,
bevor ich den Verstand verlier'."

„Ach Mensch, Gott, verflucht, sei's wie's
sei,
ich seh' den Schwermut Dir doch an,
warst mir ja niemals einerlei,
sag' mir, wie ich Dir helfen kann.

Ich schenk' Dir schnell ein Glas Milch
ein",
„Laktos'intolerant, tabu",
„sie hilft mir bei so Allerlei",
„hörst Du mir eigentlich mal zu?

Der Mensch versetzt mit Tritt für Tritt,
bin an Geduld und Kalzium arm,
der ganze Wahnsinn, der mich ritt,
wurd' Übeltäter mir im Darm.

Auch Du trittst stets und unentwegt",
„dialektisch g'rad' nicht so schlau",
„ist Dir so egal, wie's mir geht?",
„stets, unentwegt', zu ungenau".

„Schon wieder, ständig neunmalklug,
anstatt Du Dankbarkeit mir zollst,
nach allem, was ich Dir zutrug,
schließlich gab ich Dir, was Du wollt'st."

„Was ich wollte? Wenn ich wohl recht,
und das auf Gedeih und Verderb,
d'rüber nachdenk', war ich nur Knecht,
ausgeliefert Deinem Richtschwert.

Kniete nur nicht, wie Du verlangt,
nahmst Rache, entzogst mir Dein Wort,
was Du auch tust, regierst mit Zwang,
d'rum bist Du recht an diesem Ort.

Schaut zu Dir auf, betet Dich an,
was erwartest Du noch von ihm,
ein Gott, der Großmut bieten kann,
vor dem wird er im Herzen knien.

IX

Ⓐuch ich, mein Alter, denke sehr
oft an die Zeit, da nichts hat' mehr
Bedeutung, als das Paradies,
bis letztlich auch Du dies verliest.

Hat der Mensch wirklich das verdient?",
„vollbringt nur, was sich gar nicht ziemt",
„Du machst es ihm aber auch schwer",
„bin Herrgott, zählt das gar nichts
mehr?".

„Du weißt, auch ich bin nicht gerad'
Philanthrop, was ich nie verbarg,
dennoch, bei dem, was Du vollziehst,
hoff ich, dass Du die Folgen siehst.

Auch für Dich, Liebe folgt auf Hass,
bevor die Trauer Dich erfasst,
mal gnad'voll', dann send'st Strafenschar,
dann selig, Du bist bipolar.

Ja, Du, als Freund nehm' ich Dich wahr,
nicht immer eins, doch gut gestellt,
hast schwer verletzt die Einigkeit von Le-
ben- und der Geisterwelt."

X
„Jaja, wo war ich, ach, bei mir,
bevor ich den Einfall verlier,
kommen wir kurz auf's Spiel zurück,
kommst Du entgegen mir ein Stück?

Du weißt ja, ich kann nichts dafür,
hatt' beim Schöpfen doch stets Gespür,
nur dieser eine, kleine Fall,
nun komm, das find't man überall."

„Mein Freund, das hatten wir doch g'rad',
ich bitt' Dich, zeige mehr Rückgrat,
die Anbiederei beleidigt,
meine Intelligenz gänzlich.

Ich schätz' Dich, wahrlich, glaube mir,
doch irgendwie als Ehrenmann,
hab' keine Wahl, lass ich Dich hier,
wetten sollt' nur, wer geben kann."

„Na danke, wusst', bist nicht bekannt
für Gnade, Rücksicht reichend' Hand,
doch bitt' erkenn' die Last, sie wiegt
so schwer, auf meinen Schultern liegt."

„Glaubst Du denn wirklich,
einschranklos,
dass ich nach diesem Zirkus sag,
ob des Unterwurf's Würde bloß,
ich lass Dich geh'n, weil ich Dich mag'?"

„Ein jeder, der glaubt unbescholten
sei der Weg des Tugendlichts,
ist bestenfalls ein Narr, ein Blindlings,
träg' ist er, der Taugenichts."

„Nicht, dass Du stets nur wiederholst,
und ganz nur einem Mantra folgst,
es langweilt mich, leg mal neu auf,
Du bleibst bei mir, verlass Dich d'rauf.

Des Mensch' zu geh'nden schmalsten
Grat
ist an Deiner Schöpfung Verrat,
die Ursünd' ist die Religion,
und all'n voran Dein Christentum.

XI

„Komm, lass mich geh'n!"

„Nein!"

„Bitte!"

„Nein!"

„Bitte!"

„Nein!"

„Du bist gemein!"

„Hör auf!"

„Nein!"

„Lass es!"

„Nein!"

„Genug jetzt!"

„Nein!"

XII

„Ich fürchte, Dein Verstand wird weich,
der Weltenschöpfer, ungeeicht,
zwar gibt's kein' Standard als Vergleich,
trotzdem Hoffnung Appell, es reicht."

„Nein!"

„Ich glaub' es nicht!"

„Glaube heißt nicht-wissen-wollen, was
wahr ist!"

„Nietzsche; von Dir?! Hab' Euer Verhält-
nis – bitte berichtige mich –
irgendwie anders in Erinnerung."

„Mach ich nicht."

„Was machst Du; gut, wie lang' soll das
noch so weiter geh'n?"

„Selber!"

„Aber, aber das ist doch keine Antwort
auf; ach, lass mich einfach in Ruhe."

„Pst! Lärm mordet Gedanken, - und eben
kommen mir so zärtliche Gedanken."

„Hör' bitte mit Nietzsche auf."

„Nein!"

XIII

... Und wenn sie nicht gestorben sind…

…verflucht!

... und so geschah es...

Die Untat Hoeholzbagdtal

Ein Raunen schwül die Luft erfüllt, ein Übel tiefsten Unmut's quillt,
ein Klumpenkot und Ekelfass, der Wurmlosung Gesinnung Hass.
Zu greislich, der Hochmut hint' dran, geifernd schwemmt der Braunling voran,
Urübel in Ungeisteslage, quallt zynisch aus die Steißbeinplage.

Ekelgeburtling, Mutter Pest, erbrochen aus der Fäulnis Nest,
das nackte Antlitz Widerwart, ein Ekelthron, abscheugepaart.
Der modrig' Atem, Galle spei'nd, gar abartstinkend' Seiensfeind,
der übertriefend' Eiterfluss, aus Gier und Leid der Fäulniskuss.

Sich aufricht' Bückling, Klumpenschund, klumpenähnlicher Unheilssumpf,
dies bösartigste Triebsekret, vomitier'nder Exkretprophet;
das Rottoupet verhüllt bedacht, Glatzenschorf regnend' Niedertracht,
welch' Schattendes verschlingt und schlicht nur Niedrigstes zugrunde bricht.

Doch bist nicht du allein im Schlamm, gar nied're Würger sammelst an,
um dich, Pestbringer, Unterschmutz, Widergesicht, Allemunnutz.
Hast Welten mit Geiz infiziert, mit Lügenheuch'lei ungeniert,
schwarzlochgleich' Malstrom, fern des Lichts, gerissen den Geist in sein Nichts.

Sich nicht seiner Abart bewusst, strömt aus niedrigster Abortguss',
wirfst Brocken hin der gierend' Brut, zu schüren derer Bücklingsglut.
Fährst rückensteigend hoch empor, säuselst sanft in des Irrsinns Ohr,
von Gott und heil'gem Auftrag dein, willst Retter, Heiland, gottgleich sein.

Der Schöpfung Krone aufgefahr'n, zurückgekehrt durch Gott, den Herrn,
von Gott's Gnaden, anbiedernd' Schar, anusleckt man dir Gott gewahr.
Und heilst blind die Allzeitenpest, lässt nie mehr los, was du hältst fest,
krallst voller Wollust dich ins Fleisch der modrig', faulend' Resteleich'.

Da marschiert sie, die Widerart, im Halbmond ziegend' Reisigbart,
Kim un-Dercut, in Dauerbrunft, rollt nebst braun ostscher Niederkunft.
Den Kulturkampf nässend souffliert, die Zweifelnden stark rationiert,
nässt 's Mao-Chi inkontinent ungehemmt in des Träumers Hemd.

Der Moskwakasper, hoch zu Ross, hint'her der speichelleckend' Tross,
nimmt im Gefecht den Feind von vorn, doch in der Kimme nur ein Korn,
spiegelanspritzend, narzissgleich, der Klerus träumt vom heil`gen Reich
und bet' zum führerknieend' Knecht, „verflucht sei das maddienend' Recht!".

Habgierzerfress'ner Selbsthassling, sich täglich Vatis Frust einfing,
nun endlich groß und hemmungslos, den Dolch bereit zum letzten Stoß.
Ducefaschistisch Arm zum Heil, erziehungsprägend stürzt 's Fallbeil,
blutgierend Zorn raschelt durch's Holz, nimmt sich an des Unmuts des Volks.

Doch schleichend legt ein Schleier sich auf 's selbstbegattungswürd'g' Gesicht,
verdeckt der Wollust reizend' Charme, nimmt langsam dich sanft in den Arm;
entblößt, was du tatsächlich bist, nicht prachtvoll, allhassend' Faschist
und in nur einem Augenblick zerleg's dich langsam, Stück für Stück.

In weichartkrümmend' Selbstmitleid blickst' auf Standhaftigkeit voll Neid,
zieht auseinander dich der Zorn, wie Mamas Brüste einst den Wurm;
ein Funken Wehmut jedoch bleibt, nur kurz zur Reue bist bereit,
„o Herr, wie bös', bin 's wirklich ich, vergeben könnt' ich mir dies nicht."

Die Antwort gabst dir selbst allein, der Klerus spendet heil'gen Schein,
Verbündete im Potenzwahn, der Wollust Diener im Enddarm,
„verdient hat er 's, der kleine Wicht, der Ursünder entführt das Licht",
gar Rache ganz der Existenz, zum Beweis deiner Hochpotenz.

Das glühende Chaos entflammt, von der Welt als gottgleich erkannt,
im Gutturalschmutzschwall geeint, der Widerstand gänzlich entkeimt.
Eiterwelle der Pestgestalt, endgültig deren Urgewalt,
bringt so der Allunterfrucht den Untergang, der Menschheit Flucht.

So übergibt der Mensch sich ganz dem grabbeschreibend' Totenkranz,
der Völl'rei folgend' Urgestalt, der übermächt'gen Mordgewalt,
bettelt trotzdem ohn' Unterlass, herbei den Weltenüberhass,
„Gott hilf, sei Du, dem es gebührt, der nur uns ins in Dein Reich einführt."

Es ist vollbracht, stillschweigend' Tod, nie wieder Leid, nie wieder Not,
hast alles Sein zum Nicht gekehrt, kaum springend' Lemming sich gewehrt,
zurück bleibt nur noch Wüste, karg die Landschaft, Ackermassengrab,
hast ganz Trägheit und Ignoranz entbrannt, heil Reich, heil Vaterland.

Epilog

I
Der Zufall allzu gerecht ruht,
allein er kann Welten errichten,
nur darum geht's, nichts für ungut,
denn wisst, er kann auch d'rauf verzich-
ten.

II
Die Trauerweide wiegt im Wind,
klein und schwach lieg' ein Mensch da-
vor,
traumbeseelt, noch ein kleines Kind,
säuselt sie zärtlich ihm ins Ohr.

„Wie verletzlich ich hier doch bin,
ich wünsch' mir Kraft zu widersteh'n,
gebe mich so den Träumen hin,
doch erkenne, Träume vergeh'n.

Sie vergeh'n wie der Rauch im Wind,
weiß wohl, dass sie nie wiederkehr'n,
eile im Traum gleichwohl geschwind,
Hoffnung vermag nicht zu belehr'n.

Dennoch vergibt nur sie allein,
die Kraft, die uns fortschreiten lässt,
im Geist nur, denn als Baum im Hain
ich Blätter in die Winde setz'.

Sie ist auch Gewalt, die zerstört
und stets Weltenbrände entfacht,
zu jedem Untergang gehört,
hat ew'ges Leid der Welt gebracht.

Lässt niederschreiben Daseins Thesen,
doch in ihr wirkt ein Parasit,
welcher feinfühlig und erlesen,
ganz unverhohl'n die Fäden zieht.

Die Hoffnung ist des Glaubens Wirt,
doch nicht verborgen, offenbar
wirkt sie ganzheitlich und diktiert
ihre Weltordnung vom Altar.

Bloß, wie lang hofft man und wer kann,
ist Hoffnung nur ein Privileg,
welches zusteht nicht jedermann,
vielen nie scheint oder vergeht.

Obwohl sie enttäuscht, vehement,
erfleht man stets ihren Beistand,
g'rad wenn man blind nichts mehr er-
kennt,
sucht man fortwährend ihrer Hand.

Wie sehnt's nach Hoffnungslosigkeit,
nicht wie 's Narrativ trüb' verheißt,
nein, Anerkennung, Achtsamkeit,
man wenig glaubt und sehr viel weiß.

Vielleicht nehmt Ihr Euch dann zum
Schluss
nicht mehr so wichtig und so ernst,
zum Abschied meiner Blätter Kuss
auf dass Du aus den Träumen lernst."

III

Die Trauerweide wiegt im Wind,
nachdenklich schaut ein Menschlein drein,
verwirr'nd seine Gedanken sind,
wähnt blind, illuminiert zu sein.

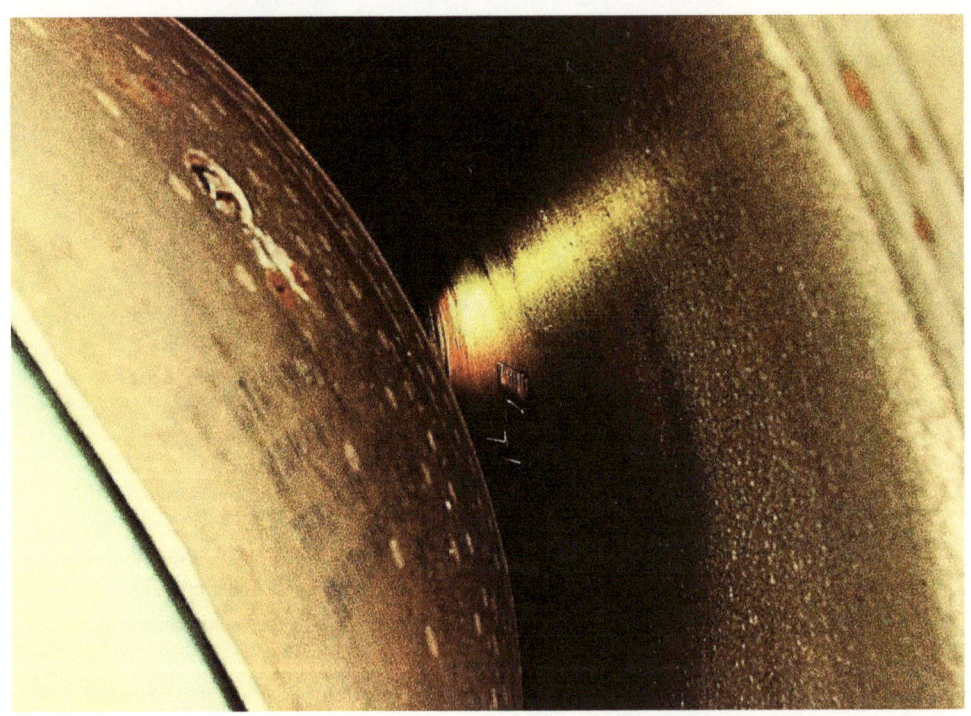

Längskreuzfall

Nun liegt er unten, angespannt,
das letzte Stück Holz an der Hand,
das letzte Stück, woran er hängt,
ein letzter Rest ihm Beistand schenkt.

Die Vertrauten schon längst sind fort,
kam' nicht zurück an jenen Ort,
an welchem die Qual tagelang
den Todeswunsch ihm laut abrang.

Doch diese Worte, ungehört,
die Schmerzen, jeder Sinn verstört,
bis dann plötzlich, ohne Vorspiel,
das Holz barst und er abwärts fiel.

Nun stirbt die Hoffnung jeder Zeit,
der Linderer des Weltenleids,
habt ihm dem Schmutze übergeben,
Angst vor dem Tod, gierend im Leben.

Dort hängt geschändet an der Wand,
des Schänders Gesicht abgewandt,
schamblickverwehr'nd 's Kanzelpamphlet,
Aug' um Auge das Schmähgebet.

Den Körper, Geist, Namen missbraucht,
nach außen heiliger Durchlaucht,
nach innen Hur', die jedermann
nach Lust und Laun' benutzen kann.

Dort trauert die Aufrichtigkeit,
der Schmerz wahrhaft, vollends das Leid,
„warum lasst Ihr ihn denn nicht ruh'n,
wie konntet ihr ihm das antun?".

Amen

„Dir diesmal nicht das letzte Wort!"
„Doch!"
„Nein!"
„Doch!"
„Nein!"
„Doch!"
„Du machst mich wahnsinnig!"
„Ich weiß."

der Autor

Daniel Sielaff, geboren 1975 in Dresden, lebt seit 1981 im Nordwesten Deutschlands. Nach einer Ausbildung zum Erzieher studierte er später Soziale Arbeit und Sozialpädagogik in Deutschland und den Niederlanden.

Seit 2013 leitet er ein Stadtteilzentrum in einem sozialen Brennpunkt, entwickelt Konzepte zur Aktivierung benachteiligter Gruppen, leitet Präventions- und Beteiligungsprojekte, hält Vorträge und Workshops, war als Dozent sowie Coach für gruppendynamische Interaktionen tätig.

Seine religiöse und politische Karriere beendete er früh nach einer kurzen Periode der vernunftgeleiteten und rationalen Auseinandersetzung mit den Phänomenen und Gesetzmäßigkeiten von Natur und Kultur, was seinen beherzten Versuch begründet, als Mensch nicht hoffnungslos zu scheitern und seine Würde zu wahren. Dabei stellt er sich zuweilen recht ungeschickt an, was sein Werk und das Bild hier oben eindringlich verdeutlichen.

„… schau Dir den doch mal an, mit dem stimmt bestimmt was nicht!?"
„Jetzt hör doch mal auf damit!"
„Ist ja schon gut, schon gut; meine…"
„Fresse!"
„Genau."